2
sudoku
over **200 ALL NEW** puzzles!

Dr Gareth Moore is the author of a wide range of brain-training and puzzle books for both children and adults, including *Fast Brain Workouts*, *Clever Commuter* and *Brain Games for Clever Kids*. His brain-training material has also appeared in a wide range of newspapers and magazines.

He created online brain-training site *Brained Up*, www.brainedup.com, and runs the puzzle website *PuzzleMix.com*. He gained his Ph.D from the University of Cambridge (UK) in the field of Machine Learning, and has contributed to various advanced projects for leading technology companies.

2
sudoku

over **200 ALL NEW** puzzles!

Gareth Moore

First published in Great Britain in 2015 by
Michael O'Mara Books Limited
9 Lion Yard
Tremadoc Road
London SW4 7NQ

A CIP catalogue record for this book is available from
the British Library.

Papers used by Michael O'Mara Books Limited are natural, recyclable products
made from wood grown in sustainable forests. The manufacturing processes
conform to the environmental regulations of the country of origin.

ISBN: 978-1-78243-476-4

1 2 3 4 5 6 7 8 9 10

www.mombooks.com

Designed and typeset by Gareth Moore

Printed and bound in Great Britain by CPI Group (UK) Ltd,
Croydon, CR0 4YY

Introduction

Sudoku is a beautifully simple and yet strangely elegant puzzle that is truly universal. Requiring absolutely no language skills or mathematical skills of any kind, it is a pure pattern-spotting conundrum that none-the-less hides behind it a puzzle of surprising depth and global appeal.

The rules are so simple that once learnt they can never be forgotten. Just fit the numbers 1 to 9 into each of the squares in the puzzle, so that no number is repeated within any row, column or bold-lined 3x3 box. And that is it. Easy to learn but so much trickier to master!

Entire books have been written on clever ways to go about solving Sudoku puzzles, but you won't need any of those for the puzzles in this book. They need nothing more to solve than a pen or pencil and some clarity of thought. Whether you've solved 1,000 Sudoku or you've never solved one in your entire life, this book is still for you.

Sudoku 2 is the second in a series of six books, each containing 201 Sudoku puzzles that range in difficulty from the gently tasking through to the extremely challenging. Each puzzle is labelled with a level from 1 to 5, providing a clear difficulty progression as you work through the book. The difficulty levels are the same in each of the six books, so if you're a completionist then take fair warning that you won't really have solved *all* of the puzzles at a particular difficulty level until you've completed that level in all six books!

A good way to get going on a Sudoku puzzle is to look for either a number which occurs very frequently in the puzzle, or for a row, column or box that is nearly full. Either of these possibilities suggests a good place to start looking for your next move.

If you get stuck on a puzzle then there are a few simple checks you can do to maybe help you on your way. Look at each row, column and 3x3 box, starting with the fullest ones first – is there a square in any of those where only one number will fit, or alternatively is there a missing number which will fit in only one place in any of those regions? If that doesn't help and you're onto the later levels, try thinking about the inference of where numbers can fit. For example if the only place a '4' can fit in a 3x3 box is in the middle row of squares, then you can reason that there cannot be a '4' anywhere else in that row outside of the 3x3 box.

None of the puzzles require any of the exotic solving strategies you might perhaps have read about such as 'swordfish' or 'chains'. That's not to say that clever tricks won't help you out, but you'll still get there in the end even without. One thing is for sure – you will never need to guess to solve any of the puzzles in this book.

So sit back, sharpen a pencil and sharpen your brain – there are over 200 more Sudoku waiting to test you!

Puzzle 3

7	4		6		5		8	9
6		1		9		3		7
	3						4	
9			1		6			3
	1						9	
5			9		2			1
	6						7	
1		4		5		6		2
2	9		3		4		1	5

Level 1 – Easy

Puzzle 4

	7		5				8	
3		6	2	4				5
			3	8			7	
						8	5	2
	4	8				6	3	
9	5	2						
	6			3	8			
8				1	2	9		7
	9				4		6	

Level 1 – Easy

Puzzle 5

	4	1	8		9	3	5	
6	5						8	9
3		8				4		2
9				6				1
			7	3	1			
5				4				7
7		6				5		3
4	3						2	8
	2	9	3		5	7	6	

Level 1 – Easy

Puzzle 6

	5		4		9		8	
9		6	1		7	5		4
	3						1	
4	9		7		8		2	5
3	8		9		5		4	7
	6						7	
7		9	6		4	8		3
	4		5		3		6	

Level 1 – Easy

Puzzle 7

2		7	8		1	5		4
		5				1		
6	1		9		5		2	8
5		4		9		3		2
			5		3			
3		1		8		9		6
4	8		7		9		3	5
		9				8		
7		6	4		8	2		9

Level 1 – Easy

Puzzle 8

	1	7				8	6	
4	6			2			3	9
8			6		3			5
		4	9		6	5		
	2						8	
		8	2		5	9		
9			3		7			4
2	4			5			7	3
	5	3				6	9	

Level 1 – Easy

Puzzle 9

	3		1		5		6	
2			7	8	9			3
		7		6		5		
5	7						9	1
	8	9				6	5	
6	4						8	2
		1		7		8		
8			3	9	4			6
	6		5		8		3	

Level 1 – Easy

Puzzle 10

			8		9			
		1	2	4	6	9		
	9	2				1	6	
5	7			9			2	3
	2		6		3		9	
9	6			8			7	1
	8	5				2	3	
		9	4	2	5	7		
			7		8			

Level 1 – Easy

Puzzle 11

	9	5				6	7	
4			7	6	2			5
8				9				3
	2		1		9		5	
	5	3				9	2	
	4		2		7		6	
5				1				9
9			8	2	3			6
	6	4				1	8	

Level 1 – Easy

Puzzle 12

		3		1		6		
	1	4				8	2	
2	8		7		5		9	3
		9	5		1	3		
1								7
		7	4		6	2		
3	7		6		4		8	1
	6	5				7	3	
		1		2		4		

Level 1 – Easy

Puzzle 13

4			8		1			2
		2	4	5	9	6		
	8						9	
6	2			4			3	8
	4		3		7		2	
9	3			8			5	4
	6						1	
		4	9	1	8	2		
1			2		6			9

Level 1 – Easy

Puzzle 14

3	9		6		2		7	1
8			5		1			9
			3					
5	3			2			4	7
		4	7		6	5		
6	8			5			1	2
				1				
1			8		9			4
9	6		2		7		5	8

Level 1 – Easy

Puzzle 15

7		4				8		6
		6	9	4	5	2		
9	1						3	5
	4		3		6		2	
	6			8			4	
	9		5		4		8	
8	2						7	4
		5	2	3	1	9		
6		9				1		2

Level 1 – Easy

Puzzle 16

5	8	4		2		3	1	7
2								8
			8	3	4			
8	5						7	9
6			2		7			4
4	3						2	1
			9	6	8			
1								2
3	9	8		4		7	5	6

Level 1 – Easy

Puzzle 17

	6	8				7	1	
7			1		6			5
9		3		5		4		6
	5		9		8		3	
		1				2		
	3		6		4		5	
2		9		7		6		3
1			4		3			9
	4	6				5	7	

Level 1 – Easy

Puzzle 18

		1	7		6	3		
	2		8		3		7	
3			2		9			1
8	7	6				9	4	5
5	1	9				8	3	2
6			5		2			4
	9		6		8		5	
		2	1		4	6		

Level 1 – Easy

Puzzle 19

		5	8		2	9		
	1	9	5		4	8	2	
8	2						1	4
4	3			8			5	2
			3		1			
9	8			7			3	1
1	9						4	5
	6	8	4		3	1	9	
		4	1		7	2		

Level 1 – Easy

Puzzle 20

	7						3	
1		2	9		7	4		8
	3	9	4		6	7	2	
	6	5	8		2	9	1	
	1	7	5		4	2	8	
	8	3	7		9	1	5	
7		6	3		5	8		2
	9						4	

Level 1 – Easy

Puzzle 21

		6				5		
		9	3	7	8	2		
1	3						4	8
	5		1	3	9		7	
	7		5		2		6	
	2		8	6	7		9	
4	6						8	9
		5	6	9	3	7		
		2				6		

Level 1 – Easy

Puzzle 22

	9	7		1		2	5	
6								7
8			7	2	3			9
		3	9		6	7		
2		5				3		6
		9	5		2	1		
9			3	5	4			2
3								1
	2	6		8		9	3	

Level 1 – Easy

Puzzle 23

8			5		7			2
		9	3		2	8		
	2		6		4		7	
4	6	5				2	3	9
2	3	1				7	6	8
	7		8		1		9	
		4	9		5	6		
5			7		6			1

Level 1 – Easy

Puzzle 24

3		1		7		4		5
		5				6		
4	8		6		5		9	1
		2	3		7	9		
5								4
		9	4		8	2		
6	5		2		4		3	7
		3				5		
9		4		3		8		2

Level 1 – Easy

Puzzle 25

		2		1		5		
	6		9		2		1	
8		9	5		3	6		4
	7	8				1	9	
9								3
	5	4				8	6	
6		1	3		5	2		7
	8		1		4		5	
		5		6		9		

Level 1 – Easy

Puzzle 26

	2		9		8		1	
7		6				3		5
	9		3		5		6	
9		2	4		7	6		1
6		5	2		1	8		3
	5		8		4		2	
1		4				5		9
	6		7		9		3	

Level 1 – Easy

Puzzle 27

	1		9	3	6		7	
8				7				5
		9				1		
3			7	8	1			9
1	9		3		2		5	7
7			5	6	9			1
		7				8		
6				9				2
	4		2	5	8		3	

Level 1 – Easy

Puzzle 28

			8	4	9			
		7				1		
	3	4	6		7	8	9	
4		9	5		3	6		8
3								2
7		5	1		8	9		3
	7	1	9		5	4	2	
		3				7		
			7	8	1			

Level 1 – Easy

Puzzle 29

		6		4		1		
	3	2	9		1	6	5	
5	1						8	9
	5		4		7		9	
3								1
	2		1		3		6	
6	4						2	7
	7	1	3		6	9	4	
		3		7		8		

Level 1 – Easy

Puzzle 30

		3	6		5	4		
		4	2		1	3		
2	7						1	5
3	1			5			9	4
			3		6			
4	6			9			2	3
9	8						4	1
		1	9		4	7		
		2	5		8	9		

Level 1 – Easy

Puzzle 31

	8	4	6		7	1	5	
	1		5	3	2		6	
	9	1		6		4	7	
		3	8		5	6		
	5	6		1		2	3	
	2		7	5	1		8	
	7	5	3		4	9	2	

Level 1 – Easy

Puzzle 32

	7		1		5		4	
6		4	9		2	5		1
	1		6		4		3	
4	2	8				1	7	6
7	6	9				3	5	4
	4		3		7		2	
2		1	4		9	7		3
	9		2		8		1	

Level 1 – Easy

Puzzle 33

		7	4		3	2		
			8	1	6			
4								3
9	5		6	2	1		4	8
	6		9		8		3	
8	1		7	3	4		5	9
5								6
			2	6	9			
		9	3		5	4		

Level 1 – Easy

Puzzle 34

		7	6	4	8	1		
	8		2	7	5		4	
	7	9		3		2	8	
	2	8	5		9	3	1	
	3	5		2		9	6	
	6		4	5	1		2	
		4	7	9	2	8		

Level 1 – Easy

Puzzle 35

	1		9	8	7		4	
4		9	3		6	8		7
	8						9	
3	2		7		1		8	9
7								1
8	9		4		2		7	6
	7						5	
9		2	8		5	7		4
	4		6	7	9		2	

Level 1 – Easy

Puzzle 36

	5	6				7	8	
3	8		4		7		6	9
2			8		6			4
	7	2	3		5	1	4	
	4	3	7		1	8	9	
6			9		2			8
7	3		5		8		2	1
	2	4				9	7	

Level 1 – Easy

Puzzle 37

		5				8		
		7	5	2	3	6		
1	4			6			3	5
	3		6		5		8	
	8	9				5	1	
	5		1		8		9	
5	7			4			6	3
		3	7	8	6	1		
		4				9		

Level 1 – Easy

Puzzle 38

9			8		2			3
		1	5		9	4		
	8		3		7		5	
5	2	9				6	1	4
4	3	8				2	9	7
	4		1		6		2	
		7	2		8	3		
1			4		5			8

Level 1 – Easy

Puzzle 39

5				3				7
	8		7		5		2	
		7	1	9	8	4		
	4	9				5	3	
7		2				9		8
	3	5				2	7	
		8	6	2	7	3		
	1		3		9		8	
3				5				2

Level 1 – Easy

Puzzle 40

	9		7	4	2		8	
5			8		3			4
		2				3		
8	4			3			6	2
2			9		6			1
1	7			2			3	8
		4				1		
7			2		4			9
	2		5	9	1		4	

Level 1 – Easy

Puzzle 41

		9				1	8	
6			7			3		
1	4				9			6
		2		8			7	
			9		5			
	9			3		6		
8			2				3	9
		7			3			1
	3	1				5		

Level 2 – Moderate

Puzzle 42

					3	1	9	
6								
7		5	9	4		6		
4			1		2	8		
		9				4		
		8	3		4			1
		1		3	6	5		8
								9
	5	7	4					

Level 2 – Moderate

Puzzle 43

			1		2			
1				4				8
7		5				2		3
			6	7	3			
	8						4	
		7	4	6	1	5		
		9		5		3		
5		1		3		8		4

Level 2 – Moderate

Puzzle 44

		4	8	2	5			
		7				6	1	
3		9					8	
				4			5	
9			1		8			3
	6			3				
	4					3		8
	9	1				2		
			2	5	4	1		

Level 2 – Moderate

Puzzle 45

2	3	9				6	4	1
5	6						8	9
8								5
			3	1	4			
			2		9			
			8	7	5			
7								6
3	5						7	8
4	2	8				1	9	3

Level 2 – Moderate

Puzzle 46

	7						1	
		3	4	6			5	
6		1		5				
			5			6		
	5			2			9	
		7			6			
			8			1		9
	2		9	4		5		
	4						2	

Level 2 – Moderate

Puzzle 47

2	7	8				9	1	4
4	9			8			3	6
			9	5	1			
	3			4			2	
		5	3		2	1		
	8						6	
	1	6				7	4	
				1				

Level 2 – Moderate

Puzzle 48

4				2	5			3
	3						9	5
					3			
	9				8		2	
		7	6		2	8		
	2		7				1	
			2					
6	1						8	
5			1	8				6

Level 2 – Moderate

Puzzle 49

		3	2					
		9		8	6			
		1				6	7	9
	4		8		3			7
	6						5	
9			4		2		6	
5	9	8				7		
			1	2		8		
					8	3		

Level 2 – Moderate

Puzzle 50

8	2						5	4
			6		2			
		6				3		
3								1
		9	2		8	4		
7	6		3		5		9	8
5			7		1			6
			4	8	9			

Level 2 – Moderate

Puzzle 51

					4		8	
	7			5		9		2
		5				1		
	9		1					8
			3	4	7			
5					9		6	
		9				3		
7		2		8			9	
	6		4					

Level 2 – Moderate

Puzzle 52

							8	2
	1			5				
	3		9		1		7	
	5	3		8				
2								8
				9		4	6	
	8		7		4		5	
				1			4	
1	6							

Level 2 – Moderate

Puzzle 53

7		8			4			
			7	9				
2	4							9
	1		6			4		
	2		3		9		5	
		9			5		2	
4							6	8
				3	7			
			1			7		2

Level 2 – Moderate

Puzzle 54

8		1				5	2	
			7				9	
			2		1			8
		7	1					5
6					5	1		
5			8		6			
	8				3			
	1	3				6		2

Level 2 – Moderate

Puzzle 55

	3	7		4		2	8	
	8						5	
7		9				4		2
	5	6	4		2	8	9	
			1		9			
		5				1		
8			7		5			9
		1	8		3	5		

Level 2 – Moderate

Puzzle 56

			5		2			
5	7			9	1	3		8
			4			9	1	
	4	6						9
2						6	3	
	9	7			3			
4		3	9	2			5	1
			8		4			

Level 2 – Moderate

Puzzle 57

						2		
2		6	7	4				
	1			6	2	7		4
						4		5
	5	2	1		6	8	7	
3		7						
6		9	3	2			4	
				8	1	9		6
		1						

Level 2 – Moderate

Puzzle 58

	6					1	9	
		4	6					
5					8	4		
			9		3	7	1	
	4						6	
	9	1	8		5			
		5	3					1
					6	9		
	7	3					2	

Level 2 – Moderate

Puzzle 59

			3	8	6			
		8				5	6	
			5			1		
7					2		3	
1								2
	4		6					9
		5		3				
	6	2				9		
			5	6	7			

Level 2 – Moderate

Puzzle 60

		9	1		8	4		
			3		9			
7			2	4	6			9
3	4	2				7	9	6
		1				3		
8	6	7				2	5	1
2			6	1	3			5
			8		5			
		8	4		7	6		

Level 2 – Moderate

Puzzle 61

4				7				5
		3	8		1	7		
	2						4	
	9			6			1	
		2				6		
8			5		3			2
		4		3		9		
		6	1		4	2		
	7						3	

Level 2 – Moderate

Puzzle 62

				2				
		8				3		
7				9				8
	9						8	
	5	2		6		7	1	
4								6
	2		4		5		6	
	7		8		2		9	
		5		7		4		

Level 2 – Moderate

Puzzle 63

	3		5	4	1		2	
9			3		7			5
		9				2		
8	5		2	6	9		4	3
	1						9	
	2			5			8	
			8		2			
1		4				3		2

Level 2 – Moderate

Puzzle 64

7		6		3	9			
	1		8					
9				2				
5		3	4					8
		8		5		2		
2					7	5		9
				7				4
					1		8	
			2	4		3		5

Level 2 – Moderate

Puzzle 65

					9		2	3
		3	4			5		1
					2	6		4
	3		2		4			
		5				7		
			8		5		4	
4		9	5					
1		8			3	4		
3	2		9					

Level 2 – Moderate

Puzzle 66

3	5			7			1	8
	8		1	3	5		6	
9				1				6
8		5	7		6	1		9
5			3		4			1
2	7	6				3	5	4

Level 2 – Moderate

Puzzle 67

9	1			6	4		5	
3			1	2			7	9
			9					
	4							2
		1		4		5		
2							6	
					2			
8	2			3	9			1
	9		4	8			2	3

Level 2 – Moderate

Puzzle 68

		9		6	2			
				9				1
4	8				3		6	5
	1					8		4
6		3					2	
7	2		3				4	9
3				4				
			9	2		3		

Level 2 – Moderate

Puzzle 69

	6	7	3		2	4	5	
		1		4		2		
			1	5	9			
		5	8		4	6		
	2			9			8	
	1	3				9	6	
	4						2	
8				3				5

Level 2 – Moderate

Puzzle 70

	3		5		9		4	
9								7
		4	8		6	2		
6		5				1		4
8		1				5		3
		6	1		5	9		
2								5
	1		2		4		6	

Level 2 – Moderate

Puzzle 71

	9				4			5
		7			1			
5	1		6					
		4			8	5	9	
9								6
	5	3	2			8		
					6		7	9
			8			1		
7			1				6	

Level 2 – Moderate

Puzzle 72

	4				9			
	1		6	7		8		
	5	3				1		9
	8	9		2	6			
			4		7			
			8	3		9	5	
2		8				7	1	
		4		6	2		9	
			7				3	

Level 2 – Moderate

Puzzle 73

	8				9			
7			5		2		9	
5				8		6		
1	6					7	5	
	5	7					3	2
		5		9				8
	3		1		6			9
			3				4	

Level 2 – Moderate

Puzzle 74

	2						5	
1		3				7		8
7								9
	1		8	4	3		6	
	3		9		5		4	
			5		6			
		2				1		
	9		4	3	1		7	

Level 2 – Moderate

Puzzle 75

3			1			4		6
		5		4				
9			6				2	
		8	2			3		
	2						7	
		3			7	6		
	3				5			8
				9		7		
7		9			6			3

Level 2 – Moderate

Puzzle 76

	9		6			2		1
		6	5		3			8
						7		5
		2	7			5		
		5			6	1		
3		7						
1			4		7	8		
6		4			1		9	

Level 2 – Moderate

Puzzle 77

1	2	8				6	3	9
5								4
		3	1		2	4		
	9		8		4		5	
		2	9	3	5	1		
9	3						6	8
		4	3		8	9		

Level 2 – Moderate

Puzzle 78

			3		8			
			6		7			
	8			4			7	
	4		5	2	6		1	
		3				4		
9								5
5	9						3	6
		6				1		
3		8	1		9	7		4

Level 2 – Moderate

Puzzle 79

				3	6			
9				4		7		
		7			8	5	4	
	2	5	4					
7								6
					7	1	9	
	5	2	6			8		
		3		7				2
			8	2				

Level 2 – Moderate

Puzzle 80

	8			5			1	
	5	6				4	3	
6			4		8			9
			5		1			
	4			9			2	
3		9		6		5		1
		4	2		9	7		
				1				

Level 2 – Moderate

Puzzle 81

		1	2					
			9			8	1	3
		4	7				5	
	6			1				
3			6		4			1
			7				6	
	5				7	9		
2	4	7			3			
					6	7		

Level 3 – Tricky

Puzzle 82

5	6			7	1			
	1	3	8		2		5	
			3					
2	4					1		
	5						2	
		9					8	7
					4			
	2		5		7	8	9	
			1	2			7	6

Level 3 – Tricky

Puzzle 83

	1				5		4	
			1		6	8	9	
6								3
	5	7	9					
1	8						6	9
					8	7	5	
5								4
	9	4	3		2			
	7		5				8	

Level 3 – Tricky

Puzzle 84

			3				8	
				4			9	
2	4		6					1
		5	9					2
4	3						1	6
9					2	8		
3					5		7	8
	7			8				
	5				3			

Level 3 – Tricky

Puzzle 85

		6	4					
3	4	5				2		6
						7		
	9		8		5	4		1
			6		7			
8		1	9		4		3	
		7						
5		9				1	2	3
				1	5			

Level 3 – Tricky

Puzzle 86

	7		3	4				5
		9		1			4	
						7		
	5	2		7	1			4
7	1						2	6
4			5	2		8	1	
		5						
	2			8		3		
3				5	7		8	

Level 3 – Tricky

Puzzle 87

9	7		5		3		1	6
3	1						2	7
			4					
6		8				7		4
				3				
	2		6		8		5	
		3				2		
	5	9				3	7	
7								5

Level 3 – Tricky

Puzzle 88

3								8
	6	5				3	7	
			4		3			
		1				8		
			8	4	7			
8			3	2	1			9
5	1						6	4
			1	7	5			
		3				5		

Level 3 – Tricky

Puzzle 89

	3	4	7		8	6	9	
5								1
	6			9			8	
8			9		6			4
			1		5			
	5	3				9	1	
9	4						7	6
		5				1		
		6	4	7	9	5		

Level 3 – Tricky

Puzzle 90

		2				3		
	4	8	9				2	
7				4			8	5
				9			7	
		3	6		5	1		
	2			3				
4	6			1				2
	8				6	4	9	
		5				6		

Level 3 – Tricky

Puzzle 91

1		7	2		5	3		8
	6			3			4	
		3				2		
	2						3	
	3						5	
9			8		3			2
			1		6			
7			9		2			3
8								6

Level 3 – Tricky

Puzzle 92

9			6		8			2
	8		9	4	7		1	
1	5						7	3
	6						5	
8	7						9	4
	4		2	1	9		3	
6			7		4			1

Level 3 – Tricky

Puzzle 93

4				9				1
5			4		8			7
			2		3			
9	8						5	6
	7	1				4	2	
	2		9		5		7	
		6		2		3		
	9			8			6	

Level 3 – Tricky

Puzzle 94

	2				9			
		8		3	6	2		
				2	1	8	9	
8						3		4
5								8
4		2						6
	4	3	9	6				
		5	1	7		4		
			5				1	

Level 3 – Tricky

Puzzle 95

	8		5		9		3	
3	1						5	9
		9				8		
2				4				8
			6		2			
6				7				1
		5				9		
1	6						8	3
	7		3		8		2	

Level 3 – Tricky

Puzzle 96

3	4	6			7		2	
		8	4					
				2	3		7	
9					5	1		
		2	6					7
	1		3	9				
					4	2		
	2		7			8	4	9

Level 3 – Tricky

Puzzle 97

3			9	2	1			8
	1						9	
			7	6	3			
8	6						3	1
4								6
7	2						5	9
			5	4	8			
	8						4	
6			1	3	9			5

Level 3 – Tricky

Puzzle 98

		1		6			5	
9	8		3		7		4	
					8			9
	5	3		8			6	
2			6		5			3
	9			3		5	2	
6			5					
	7		4		6		3	8
	4			7		6		

Level 3 – Tricky

Puzzle 99

6	1						9	7
				3				
			2		9			
2				5				1
7			4		6			9
	8						4	
		8				1		
		4	7	2	1	6		
	6						5	

Level 3 – Tricky

Puzzle 100

6								1
	3	4				8	5	
	5		8	1	4		6	
				7				
8								2
	6	1				9	7	
4			6		2			3
5	2			4			1	6

Level 3 – Tricky

Puzzle 101

5			9			7	1	
				4				
8			6		7		4	9
	8				4			
4		9				3		5
			3				8	
7	6		5		2			4
				6				
	3	8			9			7

Level 3 – Tricky

Puzzle 102

					3			7
	1			9		8		6
		5			7			9
4	2		3			9		
		6			9		7	4
8			9			5		
5		4		6			9	
2			8					

Level 3 – Tricky

Puzzle 103

		8				4		
	3			1			9	
7			9		5			6
	8			9			7	
			7		2			
	9			8			4	
5			4		3			1
	6			7			3	
		3				6		

Level 3 – Tricky

Puzzle 104

	5	7			6	4		
				3				2
8					9			1
6		5	8		4			
	7						2	
			7		1	8		5
4			6					3
5				4				
		1	5			2	4	

Level 3 – Tricky

Puzzle 105

						5		7
		8					4	
2			6	3				
	3	1		7			2	
			3		2			
	2			9		4	8	
				5	6			9
	9					1		
3		5						

Level 3 – Tricky

Puzzle 106

1								2
			7	9	3			
			6		1			
	3	6	1		4	8	2	
2	4	7				5	1	6
	6						8	
		3				1		
4			8		9			3

Level 3 – Tricky

Puzzle 107

		8		3		1		
	7			2			5	
6			1		9			7
		2				5		
7	8			4			9	2
		9				4		
8			6		5			4
	3			1			6	
		6		8		9		

Level 3 – Tricky

Puzzle 108

3	7		5			8		
			2				9	1
	2			8				
		2	1					3
1	9						6	7
5					8	9		
				6			4	
9	3				4			
		4			2		3	9

Level 3 – Tricky

Puzzle 109

	1	5	2		9	4	3	
		7		6		9		
	9	6				3	4	
			5		4			
	4	1				5	7	
		9		3		6		
	6	3	7		5	8	2	

Level 3 – Tricky

Puzzle 110

			2		9			
		7				2		
	5		8		7		9	
		1		7		9		
4				2				6
6		3				8		5
	1			3			8	
		2		5		6		
3								2

Level 3 – Tricky

Puzzle 111

				3	2		6	8
			5			7		
				6		2		
		1					8	7
7			3		4			2
8	3					5		
		5		4				
		8			1			
1	4		8	9				

Level 3 – Tricky

Puzzle 112

8					7	6		
	4							2
			3		1			
	5	6	8					4
		2				3		
4					9	1	8	
			4		6			
2							7	
		4	9					3

Level 3 – Tricky

Puzzle 113

9			6	5	7			2
		3	8		2	9		
2	7						5	8
	6	9				4	8	
			3		1			
7								5
			2		3			
				8				
	4						6	

Level 3 – Tricky

Puzzle 114

1			2		6			5
			2		6			
		8				9		
	4			6			5	
6				9				7
7			3		2			8
		3	9		1	5		
9	7						2	4
		5				3		

Level 3 – Tricky

Puzzle 115

			5		9		6	
	5	3	1			7		
					4			1
5			9			8		
8				5				7
		1			8			2
3			8					
		4			5	2	9	
	9		2		1			

Level 3 – Tricky

Puzzle 116

3			4	7	5			1
1	2						5	4
	5						8	
2			8		6			7
			9		2			
		4				6		
	9		3		1		7	
	3			9			2	

Level 3 – Tricky

Puzzle 117

1	5					8		
				3				
		6				1	5	
8			9		2			4
		2		6		7		
9			4		1			2
	1	4				2		
				1				
		3					1	9

Level 3 – Tricky

Puzzle 118

		7	5				6	
4		1	7			2		
	3			8			1	4
							5	2
		2				3		
8	9							
1	5			4			2	
		6			1	5		9
	7				2	1		

Level 3 – Tricky

Puzzle 119

				4	6	7	5	
	8			2				
6					8	9	3	
					7	1		5
				5				
2		1	6					
	9	8	4					3
				8			9	
	7	4	9	6				

Level 3 – Tricky

Puzzle 120

		9	8		7	5		
			5		4			
7				1				8
1	9						2	3
		7				6		
2	3						7	4
3				4				6
			2		3			
		1	7		9	4		

Level 3 – Tricky

Puzzle 121

6				4				5
			2		6			
			8	5	7			
	4	6	5		8	3	7	
3		1				5		8
	5	7	4		1	9	2	
			7	9	2			
			1		5			
5				6				9

Level 4 – Hard

Puzzle 122

7				6				1
		8				4		
	1		4		5		9	
		7	8	4	6	2		
9			7		2			5
		1	5	9	3	6		
	7		2		4		5	
		2				9		
1				7				2

Level 4 – Hard

Puzzle 123

				1		4		
	5				4			
6				7				2
					8		5	6
	7						8	
1	8		3					
3				2				4
			8				7	
		7		5				

Level 4 – Hard

Puzzle 124

8			4		9			6
		9	7		2	3		
				1				
1	6						5	9
4				2				7
9	7						1	8
				7				
		6	1		8	7		
7			6		5			2

Level 4 – Hard

Puzzle 125

	4						2	
9			6		4			1
		3	9		5	8		
5			1		9			3
	9						4	
8			2		6			7
		9	5		1	4		
6			4		8			2
	1						9	

Level 4 – Hard

Puzzle 126

			7	1			5	
4	8				6		2	
		7				4		
	7			4				3
3			1		7			4
5				2			9	
		3				8		
	2		3				4	6
	6			8	1			

Level 4 – Hard

Puzzle 127

		7		1		6		
			2		9			
3		8				9		4
	9		4		2		5	
8				5				9
	6		1		8		7	
6		4				2		3
			9		3			
		9		2		1		

Level 4 – Hard

Puzzle 128

7		3		2		8		5
					6			
8			5	7				2
	9					5		
3		4				9		8
		8					3	
4				3	5			1
			6					
6		5		1		4		7

Level 4 – Hard

Puzzle 129

	5			3			7	
7			1		8			9
		9				4		
	7		2	4	5		8	
1			6		3			4
	4		9	8	1		6	
		5				2		
2			5		4			6
	6			1			4	

Level 4 – Hard

Puzzle 130

6	3			2			1	5
2	5		1		9		7	3
	7			9			8	
9			7		2			4
	6			4			9	
3	2		6		8		4	1
1	4			3			2	6

Level 4 – Hard

Puzzle 131

9	3		2					
	4			5			2	
		6	1			5		
	6	9		4				8
4				6		7	9	
		3			9	1		
	7			2			6	
					3		4	7

Level 4 – Hard

Puzzle 132

		7		9	4		5	
9			7				2	
			6			1		
				3		8	6	1
		6				5		
8	5	1		6				
		4			1			
	3				6			5
	1		4	2		7		

Level 4 – Hard

Puzzle 133

	3						1	
9				8				3
		4	5		3	7		
		2		1		6		
	1		4		8		3	
		9		5		2		
		1	7		5	8		
5				6				4
	7					2		

Level 4 – Hard

Puzzle 134

		1		9		2		
	6						1	
5		8	1		2	3		7
		4		3		5		
8			7		6			9
		7		2		8		
1		5	2		4	6		3
	2						4	
		6		1		7		

Level 4 – Hard

Puzzle 135

	8						3	
	7	1				4	6	
			9					
		6		5		8		
5	7	6		8	2	4		
		4	7		1	3		
	2		4		5		9	
	1						7	

Level 4 – Hard

Puzzle 136

9		5		6				3
		7			5			
			3				8	5
	4		1		6	8		
2								1
		6	5		7		2	
7	6				3			
			2			9		
4				5		1		7

Level 4 – Hard

Puzzle 137

	3			4			5	
			9		5			
		6	1		3	4		
5	8	9				6	2	7
7	6	3				1	4	5
		8	7		4	5		
			2		8			
	4			5			9	

Level 4 – Hard

Puzzle 138

		8				2		
2			7	8	4			5
	4	5				1	9	
	7						2	
		6		5		8		
		9	1	2	5	4		
	5		9		8		3	
				4				

Level 4 – Hard

Puzzle 139

			3		5			
3	6			2			7	5
	5		6	7	8		3	
		2				5		
			8	6	7			
	1		9		2		6	
4	7						1	2
		9		8		4		

Level 4 – Hard

Puzzle 140

8				3				1
1								9
	2						6	
	3		2		8		4	
		2	9		1	7		
7								6
	6		3		4		9	
	9		8		7		3	

Level 4 – Hard

Puzzle 141

		8		7		1		
	1			3			4	
		7		6		9		
1		4				8		7
3								5
9			1		8			3
	5		3		2		7	

Level 4 – Hard

Puzzle 142

		6	4		7	2		
4			2		5			3
	1						7	
6	9						4	2
7				3				1
1	4						9	8
	3						2	
9			5		2			7
		4	6		3	1		

Level 4 – Hard

Puzzle 143

5			7		6			
		6	5			8		4
3				4				6
						9	3	
7		3		8		5		2
	1	5						
1				2				9
8		9			3	4		
			9		4			5

Level 4 – Hard

Puzzle 144

3	2						7	1
6		5				4		3
	7			6			9	
			4		6			
		3				9		
			2		8			
	1			5			6	
4		6				7		2
5	3						1	4

Level 4 – Hard

Puzzle 145

5	4						6	3
		3				9		
	8	6		3		1	4	
3		5				8		1
7	6		5		1		3	9
8								4
	3			7			9	
			8	2	3			

Level 4 – Hard

Puzzle 146

		7	4		1	2		
6								5
	3						8	
1	2		3	5	7		9	6
	5						7	
7	6		1	4	8		2	3
	4						5	
2								8
		5	8		2	7		

Level 4 – Hard

Puzzle 147

		1				9		
	3	9	7			8		1
7				1		3	2	
			2	7		4		
			9		1			
		3		8	5			
	8	6		3				9
9		4			7	2	3	
		7				5		

Level 4 – Hard

Puzzle 148

		3		1				
2	8						9	
		9			4			8
		2			8		4	7
8			5		7			3
7	3		6			8		
3			7			5		
	1						7	6
				8		4		

Level 4 – Hard

Puzzle 149

	1	4				7	3	
		8	3		7	9		
6				1				2
1			4		2			9
	8			5			2	
			5		8			
8	5			2			4	1
		7				6		

Level 4 – Hard

Puzzle 150

3	4		9		2		1	7
9	1		7		4		5	2
				1				
6	2						4	8
		4				9		
1	9						6	5
				4				
4	3		5		7		2	6
8	5		2		3		9	4

Level 4 – Hard

Puzzle 151

4			2		9			3
	9		4				8	
		6		8		9		
6							7	1
		2				5		
5	3							9
		3		7		1		
	1			8			4	
2			3		1			8

Level 4 – Hard

Puzzle 152

	5							
7	8				6		1	
3		6	4	5				
1		7			8			
	9						2	
			5			4		7
				9	3	5		1
	6		7				4	2
						6		

Level 4 – Hard

Puzzle 153

3								2
	1		5		8		6	
4		5				3		7
6								5
		3	9		7	8		
				6				
9			2		4			1
	5						2	
7			3		6			8

Level 4 – Hard

Puzzle 154

2			4		9			5
				7				
		3	8		5	1		
5		7				2		4
	9						7	
8		4				5		3
		5	3		2	6		
				6				
1			9		8			7

Level 4 – Hard

Puzzle 155

	8		2		9		6	
4								2
	1			5		8		
			7			3		
2				3				8
		3			4			
		1		6			8	
9								1
	5		9		7		2	

Level 4 – Hard

Puzzle 156

	1				7	6		
			1	8				9
8			2			4		
		8			4		7	
2								6
	7		5			3		
		6			8			3
4				3	1			
		7	6				5	

Level 4 – Hard

Puzzle 157

			7		3		2	
4						7	5	
	7							9
9		5			1			
6				4				8
			6			2		5
2							7	
	9	7						1
	8		4		5			

Level 4 – Hard

Puzzle 158

7								2
	6			2			1	
		9	7		1	4		
		7	5		2	6		
	3						5	
		5	6		4	9		
		6	2		8	3		
	8			9			4	
1								9

Level 4 – Hard

Puzzle 159

4			3					1
		6	9		4	2		
	5		2		6		3	
	1	8				5	6	
5								4
	6	4				3	2	
	8		6		7		4	
		9	4		1	8		
2				8				6

Level 4 – Hard

Puzzle 160

	8		2		1		7	
		5		9		8		
	1						2	
		2		1		6		
5			7		3			4
			4		9			
1	5						6	3
		9				5		
3			5	4	6			9

Level 4 – Hard

Puzzle 161

9			8		6			5
				7				
	6		1		9		4	
3			4	9	5			6
4		7				5		3
7	3		5		8		1	4
		8				2		
	2			6			5	

Level 5 – Extreme

Puzzle 162

			1		6			
6			9		8			2
1	7		4		3		8	9
	3	4				8	9	
7								3
		9				2		
2								7
	8						1	
4		1				5		8

Level 5 – Extreme

Puzzle 163

	4		5		2		7	
9	2		4		8		5	6
				7				
8	7						2	5
		5				9		
2	3						1	4
				4				
7	9		2		6		3	8
	5		3		7		4	

Level 5 – Extreme

Puzzle 164

		4	8		2	2		
			9		1			
6			4		5			3
	1	8				3	9	
9								8
	4	5				1	6	
7			2		9			6
			1		8			
		2		3		4		

Level 5 – Extreme

Puzzle 165

		5	2		4	9		
	9	4		7		5	6	
9			5		2			6
	8	2				7	1	
	7						8	
4		8	9		7	6		5
			3					

Level 5 – Extreme

Puzzle 166

	5	1				8	4	
	6		5		4		3	
			6	9	3			
	8						1	
		6	8		2	7		
6								5
		9		5		2		
2	3			4			6	1

Level 5 – Extreme

Puzzle 167

2			3	7	5			9
	6	9	1		4	5	7	
			6		8			
		1				8		
	8		7		3		5	
	2						3	
7								2
1			9		2			5

Level 5 – Extreme

Puzzle 168

	2						7	
7			4		2			5
		3		7		2		
	3			2			6	
		6	1		8	4		
	1			9			2	
		1		6		9		
4			9		1			8
	9						1	

Level 5 – Extreme

Puzzle 169

				8	5			
		9	7					
	2	5		1			9	
7					4		8	
		3	8		7	1		
	5		2					7
	7			9		3	2	
					8	5		
			6	2				

Level 5 – Extreme

Puzzle 170

		3			2	7		
	2		6		9		4	
1				5				9
5	8						2	
		7				9		
	1						7	3
4				8				7
	3		5		6		8	
		8	9			6		

Level 5 – Extreme

Puzzle 171

			8		3			
	2						3	
		8	2	1	4	6		
4		7		8		3		2
		2	3		7	4		
5		1		2		7		9
		3	1	4	8	9		
	7						2	
			7		2			

Level 5 – Extreme

Puzzle 172

	5	1		4		7	2	
	4			3			1	
			6		5			
		5				3		
7								1
9			5		6			7
		2	1		4	8		
	8		2		7		9	

Level 5 – Extreme

Puzzle 173

1			5		2			4
		2	7	6	1	8		
			4					
2	7						8	9
		9				3		
6	3						4	2
				7				
		3	1	5	6	4		
8			2		4			1

Level 5 – Extreme

Puzzle 174

			5		9			
6			8		3			9
5	9						1	8
3								7
2		1	6		7	9		3
		8		3		1		
1		4				6		2
				5				
	2			4			8	

Level 5 – Extreme

Puzzle 175

	8	5		4				6
	4				2	3		
2					1			
	3	2	5					1
5								7
9					6	2	5	
			8					9
		3	4				1	
4				6		8	7	

Level 5 – Extreme

Puzzle 176

6	3		2		5		9	4
4				9				3
		9				8		
2				3				5
	4		6		7		2	
3				4				8
		3				1		
8				2				7
5	1		3		9		8	6

Level 5 – Extreme

Puzzle 177

	6						2	
8	2						1	7
		4	7		2	3		
		6	9		7	1		
				4				
		5	3		1	9		
		9	2		5	8		
6	5						9	1
	8						7	

Level 5 – Extreme

Puzzle 178

8	5			9			7	3
		6		2		9		
			5		8			
3	7						9	6
			6		2			
			4					
4								5
6		1				3		9
5	8						6	7

Level 5 – Extreme

Puzzle 179

7								5
6			7		8			9
	3			6			7	
	7		2		4		1	
	4						9	
	5		3		1		2	
	8			3			6	
4			1		7			3
3								1

Level 5 – Extreme

Puzzle 180

			5		9			
		5		4		7		
	1	4	2		7	5	9	
4		1				9		3
	3						2	
9		8				6		1
	4	7	3		2	1	6	
		3		8		2		
			1		5			

Level 5 – Extreme

Puzzle 181

8		2	3		9	7		4
4				2				8
5				7				1
		1	6		8	9		
3				9				6
6				4				3
7		3	5		6	1		2

Level 5 – Extreme

Puzzle 182

1			9		3			2
		3				7		
	2			4			8	
8			3		2			7
		5				6		
7			1		4			8
	7			1			4	
		8				9		
4			6		5			3

Level 5 – Extreme

Puzzle 183

	7				6		3	
9			1		7			5
		1	9			7		
4	6					5	9	
				6				
	2	3					8	1
		4			8	2		
2			5		1			4
	9		6				1	

Level 5 – Extreme

Puzzle 184

	8		2		5		9	
1				6				4
	6						7	
2								1
	4		1	9	7		2	
5								8
	1		8		6		5	
			4		9			
		3				4		

Level 5 – Extreme

Puzzle 185

								3
5			7			4		
		7	1		4	9	8	
	2				1	3		4
			3		5			
9		6	8				5	
	9	1	6		3	2		
		2			9			6
6								

Level 5 – Extreme

Puzzle 186

8			2		3			7
	1	3		4		2	6	
	5						3	
5			1		4			2
	7						4	
1			3		7			6
	9						2	
	2	1		6		7	5	
6			5		2			1

Level 5 – Extreme

Puzzle 187

7			1		8			2
	1						3	
		2		7		6		
6			9		3			4
		4		2		7		
1			4		7			5
		6		3		8		
	4						2	
2			8		9			6

Level 5 – Extreme

Puzzle 188

	5		2		3		8	
8	2		6		4		1	7
1	3		5		6		7	2
7	9		1		2		6	3
6	7		3		5		2	4
	4		8		7		3	

Level 5 – Extreme

Puzzle 189

2					6				8
		8		4		3	9		
		6					7		
	7			6		9		5	
3									9
	6			2		1		7	
		1					5		
		5		9		6	2		
6					8				4

Level 5 – Extreme

Puzzle 190

	7			4			2	
8			6		7			5
		4				7		
	9		8		3		5	
1								8
	8		2		1		6	
		9				6		
7			4		6			3
	5			2			7	

Level 5 – Extreme

Puzzle 191

5	6						4	3
	9		6		4		2	
7				2				8
			1		7			
	4						7	
			8		9			
4				9				1
	7		4		6		9	
6	5						3	4

Level 5 – Extreme

Puzzle 192

	5		9		4		7	
2				8				4
		4				9		
9			4		3			6
	1						5	
8			5		7			9
		3				2		
1				4				3
	8		3		1		9	

Level 5 – Extreme

Puzzle 193

	2		9	8	3		7	
9			4		5			8
8	7						3	9
4				3				1
1	5						8	2
5			8		2			3
	6		3	9	1		4	

Level 5 – Extreme

Puzzle 194

9		5				6		2
	1		5		2		9	
2								5
	3		9		5		4	
	6		2		8		1	
3								1
	9		7		4		3	
4		1				9		7

Level 5 – Extreme

Puzzle 195

	8						6	
5				1				8
	4	2				5	9	
	2	4	6		8	3	5	
3				7				9
			4		3			
	6	5	1		2	9	3	
	3						2	

Level 5 – Extreme

Puzzle 196

2				7				4
		8				1		
	9	7				8	6	
			4	1	8			
4			2		7			8
			5	9	6			
	5	4				2	8	
		3				5		
9				8				1

Level 5 – Extreme

Puzzle 197

1								5
	9		5		8		1	
		4		9		6		
	1		4		7		2	
		7				9		
	2		8		9		4	
		6		4		1		
	8		2		6		7	
7								3

Level 5 – Extreme

Puzzle 198

		9		6		3		
5	7		4		8		6	9
9								7
			9	4	6			
1								5
8	9		6		5		4	1
		4		2		9		

Level 5 – Extreme

Puzzle 199

		5				6		
			6		3			
	4	6				1	7	
	2	9	3		1	5	8	
	1	3	5		4	9	2	
	9	7				8	5	
			9		6			
		4				7		

Level 5 – Extreme

Puzzle 200

		3				9		
			6					2
6			7		4		5	8
	1				2			3
	3	9				1	2	
5			4				9	
3	4		2		7			9
1					8			
		7				6		

Level 5 – Extreme

Puzzle 201

7			3		1			8
		8	5	2	9	6		
	8	3		9		7	5	
2								1
			4		5			
			6	7	4			
		2				4		
	7	4				9	8	

Level 5 – Extreme

Solutions

Puzzle 1

3	7	1	8	9	4	6	5	2
4	6	8	5	2	7	9	3	1
5	9	2	3	6	1	4	7	8
8	4	5	9	3	6	1	2	7
7	3	9	4	1	2	5	8	6
2	1	6	7	8	5	3	9	4
1	8	3	2	4	9	7	6	5
9	5	4	6	7	8	2	1	3
6	2	7	1	5	3	8	4	9

Puzzle 2

8	7	9	2	3	1	6	4	5
5	4	2	6	7	9	8	3	1
3	1	6	4	5	8	2	9	7
1	5	3	9	4	6	7	8	2
6	8	4	1	2	7	9	5	3
2	9	7	3	8	5	4	1	6
9	2	8	5	6	3	1	7	4
7	6	5	8	1	4	3	2	9
4	3	1	7	9	2	5	6	8

Puzzle 3

7	4	2	6	3	5	1	8	9
6	5	1	4	9	8	3	2	7
8	3	9	2	1	7	5	4	6
9	2	8	1	4	6	7	5	3
4	1	6	5	7	3	2	9	8
5	7	3	9	8	2	4	6	1
3	6	5	8	2	1	9	7	4
1	8	4	7	5	9	6	3	2
2	9	7	3	6	4	8	1	5

Puzzle 4

1	7	4	5	9	6	2	8	3
3	8	6	2	4	7	1	9	5
5	2	9	3	8	1	4	7	6
6	1	3	4	7	9	8	5	2
7	4	8	1	2	5	6	3	9
9	5	2	8	6	3	7	1	4
4	6	7	9	3	8	5	2	1
8	3	5	6	1	2	9	4	7
2	9	1	7	5	4	3	6	8

Puzzle 5

2	4	1	8	7	9	3	5	6
6	5	7	4	2	3	1	8	9
3	9	8	1	5	6	4	7	2
9	7	3	5	6	2	8	4	1
8	6	4	7	3	1	2	9	5
5	1	2	9	4	8	6	3	7
7	8	6	2	9	4	5	1	3
4	3	5	6	1	7	9	2	8
1	2	9	3	8	5	7	6	4

Puzzle 6

1	5	7	4	3	9	2	8	6
9	2	6	1	8	7	5	3	4
8	3	4	2	5	6	7	1	9
4	9	1	7	6	8	3	2	5
6	7	5	3	4	2	1	9	8
3	8	2	9	1	5	6	4	7
5	6	3	8	9	1	4	7	2
7	1	9	6	2	4	8	5	3
2	4	8	5	7	3	9	6	1

Puzzle 7

2	9	7	8	3	1	5	6	4
8	4	5	6	7	2	1	9	3
6	1	3	9	4	5	7	2	8
5	6	4	1	9	7	3	8	2
9	2	8	5	6	3	4	7	1
3	7	1	2	8	4	9	5	6
4	8	2	7	1	9	6	3	5
1	5	9	3	2	6	8	4	7
7	3	6	4	5	8	2	1	9

Puzzle 8

3	1	7	5	9	4	8	6	2
4	6	5	1	2	8	7	3	9
8	9	2	6	7	3	4	1	5
1	3	4	9	8	6	5	2	7
5	2	9	7	4	1	3	8	6
6	7	8	2	3	5	9	4	1
9	8	1	3	6	7	2	5	4
2	4	6	8	5	9	1	7	3
7	5	3	4	1	2	6	9	8

Puzzle 9

4	3	8	1	2	5	9	6	7
2	5	6	7	8	9	4	1	3
9	1	7	4	6	3	5	2	8
5	7	2	8	4	6	3	9	1
1	8	9	2	3	7	6	5	4
6	4	3	9	5	1	7	8	2
3	9	1	6	7	2	8	4	5
8	2	5	3	9	4	1	7	6
7	6	4	5	1	8	2	3	9

Puzzle 10

6	5	7	8	1	9	3	4	2
8	3	1	2	4	6	9	5	7
4	9	2	3	5	7	1	6	8
5	7	8	1	9	4	6	2	3
1	2	4	6	7	3	8	9	5
9	6	3	5	8	2	4	7	1
7	8	5	9	6	1	2	3	4
3	1	9	4	2	5	7	8	6
2	4	6	7	3	8	5	1	9

Puzzle 11

2	9	5	3	8	1	6	7	4
4	3	1	7	6	2	8	9	5
8	7	6	5	9	4	2	1	3
6	2	8	1	3	9	4	5	7
7	5	3	6	4	8	9	2	1
1	4	9	2	5	7	3	6	8
5	8	2	4	1	6	7	3	9
9	1	7	8	2	3	5	4	6
3	6	4	9	7	5	1	8	2

Puzzle 12

9	5	3	8	1	2	6	7	4
7	1	4	9	6	3	8	2	5
2	8	6	7	4	5	1	9	3
6	2	9	5	7	1	3	4	8
1	4	8	2	3	9	5	6	7
5	3	7	4	8	6	2	1	9
3	7	2	6	5	4	9	8	1
4	6	5	1	9	8	7	3	2
8	9	1	3	2	7	4	5	6

Solutions

Puzzle 13

4	9	3	8	6	1	5	7	2
7	1	2	4	5	9	6	8	3
5	8	6	7	2	3	4	9	1
6	2	7	1	4	5	9	3	8
8	4	5	3	9	7	1	2	6
9	3	1	6	8	2	7	5	4
2	6	9	5	3	4	8	1	7
3	7	4	9	1	8	2	6	5
1	5	8	2	7	6	3	4	9

Puzzle 14

3	9	5	6	8	2	4	7	1
8	4	6	5	7	1	3	2	9
7	2	1	9	3	4	8	6	5
5	3	9	1	2	8	6	4	7
2	1	4	7	9	6	5	8	3
6	8	7	4	5	3	9	1	2
4	7	8	3	1	5	2	9	6
1	5	2	8	6	9	7	3	4
9	6	3	2	4	7	1	5	8

Puzzle 15

7	5	4	1	2	3	8	9	6
3	8	6	9	4	5	2	1	7
9	1	2	8	6	7	4	3	5
5	4	8	3	9	6	7	2	1
1	6	3	7	8	2	5	4	9
2	9	7	5	1	4	6	8	3
8	2	1	6	5	9	3	7	4
4	7	5	2	3	1	9	6	8
6	3	9	4	7	8	1	5	2

Puzzle 16

5	8	4	6	2	9	3	1	7
2	6	3	7	5	1	4	9	8
9	7	1	8	3	4	2	6	5
8	5	2	4	1	3	6	7	9
6	1	9	2	8	7	5	3	4
4	3	7	5	9	6	8	2	1
7	2	5	9	6	8	1	4	3
1	4	6	3	7	5	9	8	2
3	9	8	1	4	2	7	5	6

Puzzle 17

5	6	8	3	4	9	7	1	2
7	2	4	1	8	6	3	9	5
9	1	3	2	5	7	4	8	6
6	5	7	9	2	8	1	3	4
4	9	1	7	3	5	2	6	8
8	3	2	6	1	4	9	5	7
2	8	9	5	7	1	6	4	3
1	7	5	4	6	3	8	2	9
3	4	6	8	9	2	5	7	1

Puzzle 18

4	8	1	7	5	6	3	2	9
9	2	5	8	1	3	4	7	6
3	6	7	2	4	9	5	8	1
8	7	6	3	2	1	9	4	5
2	4	3	9	8	5	1	6	7
5	1	9	4	6	7	8	3	2
6	3	8	5	9	2	7	1	4
1	9	4	6	7	8	2	5	3
7	5	2	1	3	4	6	9	8

Puzzle 19

6	4	5	8	1	2	9	7	3
7	1	9	5	3	4	8	2	6
8	2	3	7	6	9	5	1	4
4	3	1	9	8	6	7	5	2
5	7	2	3	4	1	6	8	9
9	8	6	2	7	5	4	3	1
1	9	7	6	2	8	3	4	5
2	6	8	4	5	3	1	9	7
3	5	4	1	9	7	2	6	8

Puzzle 20

6	7	4	2	8	1	5	3	9
1	5	2	9	3	7	4	6	8
8	3	9	4	5	6	7	2	1
3	6	5	8	7	2	9	1	4
4	2	8	1	9	3	6	7	5
9	1	7	5	6	4	2	8	3
2	8	3	7	4	9	1	5	6
7	4	6	3	1	5	8	9	2
5	9	1	6	2	8	3	4	7

Puzzle 21

2	8	6	9	1	4	5	3	7
5	4	9	3	7	8	2	1	6
1	3	7	2	5	6	9	4	8
6	5	4	1	3	9	8	7	2
9	7	8	5	4	2	3	6	1
3	2	1	8	6	7	4	9	5
4	6	3	7	2	5	1	8	9
8	1	5	6	9	3	7	2	4
7	9	2	4	8	1	6	5	3

Puzzle 22

4	9	7	6	1	8	2	5	3
6	3	2	4	9	5	8	1	7
8	5	1	7	2	3	4	6	9
1	8	3	9	4	6	7	2	5
2	4	5	8	7	1	3	9	6
7	6	9	5	3	2	1	4	8
9	1	8	3	5	4	6	7	2
3	7	4	2	6	9	5	8	1
5	2	6	1	8	7	9	3	4

Puzzle 23

8	4	6	5	9	7	3	1	2
7	5	9	3	1	2	8	4	6
1	2	3	6	8	4	9	7	5
4	6	5	1	7	8	2	3	9
9	8	7	2	6	3	1	5	4
2	3	1	4	5	9	7	6	8
6	7	2	8	4	1	5	9	3
3	1	4	9	2	5	6	8	7
5	9	8	7	3	6	4	2	1

Puzzle 24

3	6	1	8	7	9	4	2	5
2	9	5	1	4	3	6	7	8
4	8	7	6	2	5	3	9	1
8	4	2	3	5	7	9	1	6
5	3	6	9	1	2	7	8	4
7	1	9	4	6	8	2	5	3
6	5	8	2	9	4	1	3	7
1	2	3	7	8	6	5	4	9
9	7	4	5	3	1	8	6	2

Solutions

Puzzle 25

7	4	2	6	1	8	5	3	9
5	6	3	9	4	2	7	1	8
8	1	9	5	7	3	6	2	4
3	7	8	4	2	6	1	9	5
9	2	6	8	5	1	4	7	3
1	5	4	7	3	9	8	6	2
6	9	1	3	8	5	2	4	7
2	8	7	1	9	4	3	5	6
4	3	5	2	6	7	9	8	1

Puzzle 26

5	2	3	9	6	8	4	1	7
7	8	6	1	4	2	3	9	5
4	9	1	3	7	5	2	6	8
9	3	2	4	8	7	6	5	1
8	1	7	5	3	6	9	4	2
6	4	5	2	9	1	8	7	3
3	5	9	8	1	4	7	2	6
1	7	4	6	2	3	5	8	9
2	6	8	7	5	9	1	3	4

Puzzle 27

5	1	2	9	3	6	4	7	8
8	3	6	1	7	4	9	2	5
4	7	9	8	2	5	1	6	3
3	6	5	7	8	1	2	4	9
1	9	8	3	4	2	6	5	7
7	2	4	5	6	9	3	8	1
2	5	7	6	1	3	8	9	4
6	8	3	4	9	7	5	1	2
9	4	1	2	5	8	7	3	6

Puzzle 28

1	5	6	8	4	9	2	3	7
9	8	7	3	5	2	1	6	4
2	3	4	6	1	7	8	9	5
4	2	9	5	7	3	6	1	8
3	1	8	4	9	6	5	7	2
7	6	5	1	2	8	9	4	3
8	7	1	9	3	5	4	2	6
5	9	3	2	6	4	7	8	1
6	4	2	7	8	1	3	5	9

Puzzle 29

9	8	6	7	4	5	1	3	2
7	3	2	9	8	1	6	5	4
5	1	4	6	3	2	7	8	9
1	5	8	4	6	7	2	9	3
3	6	9	2	5	8	4	7	1
4	2	7	1	9	3	5	6	8
6	4	5	8	1	9	3	2	7
8	7	1	3	2	6	9	4	5
2	9	3	5	7	4	8	1	6

Puzzle 30

1	9	3	6	8	5	4	7	2
8	5	4	2	7	1	3	6	9
2	7	6	4	3	9	8	1	5
3	1	7	8	5	2	6	9	4
5	2	9	3	4	6	1	8	7
4	6	8	1	9	7	5	2	3
9	8	5	7	6	3	2	4	1
6	3	1	9	2	4	7	5	8
7	4	2	5	1	8	9	3	6

Puzzle 31

5	6	2	1	4	8	7	9	3
3	8	4	6	9	7	1	5	2
9	1	7	5	3	2	8	6	4
8	9	1	2	6	3	4	7	5
2	4	3	8	7	5	6	1	9
7	5	6	4	1	9	2	3	8
4	2	9	7	5	1	3	8	6
6	7	5	3	8	4	9	2	1
1	3	8	9	2	6	5	4	7

Puzzle 32

8	7	2	1	3	5	6	4	9
6	3	4	9	7	2	5	8	1
9	1	5	6	8	4	2	3	7
4	2	8	5	9	3	1	7	6
1	5	3	7	4	6	8	9	2
7	6	9	8	2	1	3	5	4
5	4	6	3	1	7	9	2	8
2	8	1	4	5	9	7	6	3
3	9	7	2	6	8	4	1	5

Puzzle 33

1	8	7	4	9	3	2	6	5
2	3	5	8	1	6	9	7	4
4	9	6	5	7	2	8	1	3
9	5	3	6	2	1	7	4	8
7	6	4	9	5	8	1	3	2
8	1	2	7	3	4	6	5	9
5	2	8	1	4	7	3	9	6
3	4	1	2	6	9	5	8	7
6	7	9	3	8	5	4	2	1

Puzzle 34

2	4	6	9	1	3	5	7	8
3	5	7	6	4	8	1	9	2
9	8	1	2	7	5	6	4	3
6	7	9	1	3	4	2	8	5
4	2	8	5	6	9	3	1	7
1	3	5	8	2	7	9	6	4
8	6	3	4	5	1	7	2	9
5	1	4	7	9	2	8	3	6
7	9	2	3	8	6	4	5	1

Puzzle 35

2	1	3	9	8	7	6	4	5
4	5	9	3	2	6	8	1	7
6	8	7	1	5	4	3	9	2
3	2	5	7	6	1	4	8	9
7	6	4	5	9	8	2	3	1
8	9	1	4	3	2	5	7	6
1	7	6	2	4	3	9	5	8
9	3	2	8	1	5	7	6	4
5	4	8	6	7	9	1	2	3

Puzzle 36

4	5	6	1	2	9	7	8	3
3	8	1	4	5	7	2	6	9
2	9	7	8	3	6	5	1	4
9	7	2	3	8	5	1	4	6
1	6	8	2	9	4	3	5	7
5	4	3	7	6	1	8	9	2
6	1	5	9	7	2	4	3	8
7	3	9	5	4	8	6	2	1
8	2	4	6	1	3	9	7	5

Solutions

Puzzle 37

3	6	5	4	1	7	8	2	9
8	9	7	5	2	3	6	4	1
1	4	2	8	6	9	7	3	5
2	3	1	6	9	5	4	8	7
7	8	9	2	3	4	5	1	6
4	5	6	1	7	8	3	9	2
5	7	8	9	4	1	2	6	3
9	2	3	7	8	6	1	5	4
6	1	4	3	5	2	9	7	8

Puzzle 38

9	6	5	8	4	2	1	7	3
3	7	1	5	6	9	4	8	2
2	8	4	3	1	7	9	5	6
5	2	9	7	8	3	6	1	4
7	1	6	9	2	4	8	3	5
4	3	8	6	5	1	2	9	7
8	4	3	1	7	6	5	2	9
6	5	7	2	9	8	3	4	1
1	9	2	4	3	5	7	6	8

Puzzle 39

5	9	1	4	3	2	8	6	7
4	8	3	7	6	5	1	2	9
6	2	7	1	9	8	4	5	3
8	4	9	2	7	6	5	3	1
7	6	2	5	1	3	9	4	8
1	3	5	9	8	4	2	7	6
9	5	8	6	2	7	3	1	4
2	1	6	3	4	9	7	8	5
3	7	4	8	5	1	6	9	2

Puzzle 40

3	9	1	7	4	2	6	8	5
5	6	7	8	1	3	2	9	4
4	8	2	6	5	9	3	1	7
8	4	9	1	3	7	5	6	2
2	3	5	9	8	6	4	7	1
1	7	6	4	2	5	9	3	8
9	5	4	3	7	8	1	2	6
7	1	3	2	6	4	8	5	9
6	2	8	5	9	1	7	4	3

Puzzle 41

2	7	9	3	5	6	1	8	4
6	8	5	7	4	1	3	9	2
1	4	3	8	2	9	7	5	6
5	1	2	6	8	4	9	7	3
3	6	4	9	7	5	2	1	8
7	9	8	1	3	2	6	4	5
8	5	6	2	1	7	4	3	9
4	2	7	5	9	3	8	6	1
9	3	1	4	6	8	5	2	7

Puzzle 42

2	8	4	6	7	3	1	9	5
6	9	3	5	2	1	7	8	4
7	1	5	9	4	8	6	3	2
4	3	6	1	9	2	8	5	7
1	2	9	8	5	7	4	6	3
5	7	8	3	6	4	9	2	1
9	4	1	2	3	6	5	7	8
8	6	2	7	1	5	3	4	9
3	5	7	4	8	9	2	1	6

Puzzle 43

6	5	8	1	9	2	4	3	7
9	7	4	3	8	6	1	5	2
1	2	3	5	4	7	6	9	8
7	9	5	8	1	4	2	6	3
4	1	2	6	7	3	9	8	5
3	8	6	9	2	5	7	4	1
8	3	7	4	6	1	5	2	9
2	4	9	7	5	8	3	1	6
5	6	1	2	3	9	8	7	4

Puzzle 44

6	1	4	8	2	5	7	3	9
5	8	7	4	9	3	6	1	2
3	2	9	6	7	1	5	8	4
1	7	3	9	4	2	8	5	6
9	5	2	1	6	8	4	7	3
4	6	8	5	3	7	9	2	1
2	4	5	7	1	9	3	6	8
7	9	1	3	8	6	2	4	5
8	3	6	2	5	4	1	9	7

Puzzle 45

2	3	9	5	8	7	6	4	1
5	6	7	1	4	2	3	8	9
8	1	4	6	9	3	7	2	5
9	8	2	3	1	4	5	6	7
1	7	5	2	6	9	8	3	4
6	4	3	8	7	5	9	1	2
7	9	1	4	3	8	2	5	6
3	5	6	9	2	1	4	7	8
4	2	8	7	5	6	1	9	3

Puzzle 46

5	7	4	8	3	2	9	1	6
2	9	3	4	6	1	7	5	8
6	8	1	9	5	7	4	3	2
8	3	2	5	1	9	6	7	4
4	5	6	7	2	8	3	9	1
9	1	7	3	4	6	2	8	5
7	6	5	2	8	3	1	4	9
3	2	8	1	9	4	5	6	7
1	4	9	6	7	5	8	2	3

Puzzle 47

2	7	8	6	3	5	9	1	4
6	5	3	1	9	4	8	7	2
4	9	1	2	8	7	5	3	6
7	6	2	9	5	1	4	8	3
1	3	9	7	4	8	6	2	5
8	4	5	3	6	2	1	9	7
3	8	4	5	7	9	2	6	1
5	1	6	8	2	3	7	4	9
9	2	7	4	1	6	3	5	8

Puzzle 48

4	6	9	8	2	5	1	7	3
7	3	8	4	6	1	2	9	5
2	5	1	9	7	3	4	6	8
1	9	6	5	4	8	3	2	7
3	4	7	6	1	2	8	5	9
8	2	5	7	3	9	6	1	4
9	8	3	2	5	6	7	4	1
6	1	4	3	9	7	5	8	2
5	7	2	1	8	4	9	3	6

Solutions

Puzzle 49

6	7	3	2	9	1	5	8	4
4	5	9	7	8	6	2	3	1
8	2	1	3	4	5	6	7	9
1	4	5	8	6	3	9	2	7
3	6	2	9	1	7	4	5	8
9	8	7	4	5	2	1	6	3
5	9	8	6	3	4	7	1	2
7	3	6	1	2	9	8	4	5
2	1	4	5	7	8	3	9	6

Puzzle 50

8	2	3	1	9	7	6	5	4
4	1	5	6	3	2	7	8	9
9	7	6	8	5	4	3	1	2
3	8	2	9	4	6	5	7	1
1	5	9	2	7	8	4	6	3
7	6	4	3	1	5	2	9	8
5	4	8	7	2	1	9	3	6
2	9	1	5	6	3	8	4	7
6	3	7	4	8	9	1	2	5

Puzzle 51

6	2	1	9	3	4	7	8	5
4	7	8	6	5	1	9	3	2
9	3	5	2	7	8	1	4	6
3	9	4	1	6	5	2	7	8
2	8	6	3	4	7	5	1	9
5	1	7	8	2	9	4	6	3
8	5	9	7	1	6	3	2	4
7	4	2	5	8	3	6	9	1
1	6	3	4	9	2	8	5	7

Puzzle 52

9	4	5	6	7	3	1	8	2
7	1	2	4	5	8	9	3	6
6	3	8	9	2	1	5	7	4
4	5	3	1	8	6	7	2	9
2	9	6	5	4	7	3	1	8
8	7	1	3	9	2	4	6	5
3	8	9	7	6	4	2	5	1
5	2	7	8	1	9	6	4	3
1	6	4	2	3	5	8	9	7

Puzzle 53

7	9	8	2	6	4	5	1	3
3	5	6	7	9	1	2	8	4
2	4	1	5	8	3	6	7	9
5	1	3	6	2	8	4	9	7
6	2	4	3	7	9	8	5	1
8	7	9	4	1	5	3	2	6
4	3	7	9	5	2	1	6	8
1	6	2	8	3	7	9	4	5
9	8	5	1	4	6	7	3	2

Puzzle 54

8	3	1	6	9	4	5	2	7
4	6	2	7	5	8	3	9	1
7	5	9	2	3	1	4	6	8
3	9	7	1	6	2	8	4	5
1	4	5	3	8	9	2	7	6
6	2	8	4	7	5	1	3	9
5	7	4	8	2	6	9	1	3
2	8	6	9	1	3	7	5	4
9	1	3	5	4	7	6	8	2

Puzzle 55

9	3	7	5	4	1	2	8	6
1	8	2	9	3	6	7	5	4
5	6	4	2	8	7	9	1	3
7	1	9	3	5	8	4	6	2
3	5	6	4	7	2	8	9	1
4	2	8	1	6	9	3	7	5
2	7	5	6	9	4	1	3	8
8	4	3	7	1	5	6	2	9
6	9	1	8	2	3	5	4	7

Puzzle 56

9	8	1	5	3	2	4	6	7
5	7	4	6	9	1	3	2	8
6	3	2	4	7	8	9	1	5
3	4	6	2	8	5	1	7	9
7	1	9	3	4	6	5	8	2
2	5	8	7	1	9	6	3	4
8	9	7	1	5	3	2	4	6
4	6	3	9	2	7	8	5	1
1	2	5	8	6	4	7	9	3

Puzzle 57

9	7	4	5	1	3	2	6	8
2	3	6	7	4	8	5	1	9
8	1	5	9	6	2	7	3	4
1	6	8	2	3	7	4	9	5
4	5	2	1	9	6	8	7	3
3	9	7	8	5	4	6	2	1
6	8	9	3	2	5	1	4	7
7	2	3	4	8	1	9	5	6
5	4	1	6	7	9	3	8	2

Puzzle 58

8	6	7	4	3	2	1	9	5
1	3	4	6	5	9	2	8	7
5	2	9	1	7	8	4	3	6
2	5	6	9	4	3	7	1	8
3	4	8	2	1	7	5	6	9
7	9	1	8	6	5	3	4	2
9	8	5	3	2	4	6	7	1
4	1	2	7	8	6	9	5	3
6	7	3	5	9	1	8	2	4

Puzzle 59

5	1	4	3	8	6	2	9	7
9	3	8	7	2	1	5	6	4
6	2	7	9	5	4	1	8	3
7	5	9	8	1	2	4	3	6
1	8	6	4	9	3	7	5	2
2	4	3	6	7	5	8	1	9
8	7	5	2	3	9	6	4	1
3	6	2	1	4	8	9	7	5
4	9	1	5	6	7	3	2	8

Puzzle 60

6	2	9	1	5	8	4	3	7
4	1	5	3	7	9	8	6	2
7	8	3	2	4	6	5	1	9
3	4	2	5	8	1	7	9	6
5	9	1	7	6	2	3	4	8
8	6	7	9	3	4	2	5	1
2	7	4	6	1	3	9	8	5
9	3	6	8	2	5	1	7	4
1	5	8	4	9	7	6	2	3

Solutions

Puzzle 61

4	1	9	2	7	6	3	8	5
6	5	3	8	4	1	7	2	9
7	2	8	3	5	9	1	4	6
3	9	5	4	6	2	8	1	7
1	4	2	9	8	7	6	5	3
8	6	7	5	1	3	4	9	2
2	8	4	7	3	5	9	6	1
5	3	6	1	9	4	2	7	8
9	7	1	6	2	8	5	3	4

Puzzle 62

5	3	9	7	2	8	6	4	1
2	6	8	5	4	1	3	7	9
7	4	1	3	9	6	5	2	8
3	9	6	1	5	7	2	8	4
8	5	2	9	6	4	7	1	3
4	1	7	2	8	3	9	5	6
9	2	3	4	1	5	8	6	7
6	7	4	8	3	2	1	9	5
1	8	5	6	7	9	4	3	2

Puzzle 63

6	3	8	5	4	1	9	2	7
2	7	5	6	9	8	4	3	1
9	4	1	3	2	7	8	6	5
3	6	9	4	1	5	2	7	8
8	5	7	2	6	9	1	4	3
4	1	2	7	8	3	5	9	6
7	2	3	1	5	4	6	8	9
5	9	6	8	3	2	7	1	4
1	8	4	9	7	6	3	5	2

Puzzle 64

7	8	6	1	3	9	4	5	2
4	1	2	8	6	5	9	7	3
9	3	5	7	2	4	8	1	6
5	9	3	4	1	2	7	6	8
6	7	8	9	5	3	2	4	1
2	4	1	6	8	7	5	3	9
8	5	9	3	7	6	1	2	4
3	2	4	5	9	1	6	8	7
1	6	7	2	4	8	3	9	5

Puzzle 65

6	7	4	1	5	9	8	2	3
2	8	3	4	6	7	5	9	1
5	9	1	3	8	2	6	7	4
8	3	6	2	7	4	9	1	5
9	4	5	6	3	1	7	8	2
7	1	2	8	9	5	3	4	6
4	6	9	5	1	8	2	3	7
1	5	8	7	2	3	4	6	9
3	2	7	9	4	6	1	5	8

Puzzle 66

3	5	9	6	7	2	4	1	8
4	8	2	1	3	5	9	6	7
7	6	1	4	9	8	2	3	5
9	2	7	8	1	3	5	4	6
6	1	4	2	5	9	7	8	3
8	3	5	7	4	6	1	2	9
5	9	8	3	2	4	6	7	1
2	7	6	9	8	1	3	5	4
1	4	3	5	6	7	8	9	2

Puzzle 67

9	1	7	3	6	4	2	5	8
3	6	8	1	2	5	4	7	9
4	5	2	9	7	8	1	3	6
5	4	3	7	9	6	8	1	2
6	8	1	2	4	3	5	9	7
2	7	9	8	5	1	3	6	4
7	3	4	6	1	2	9	8	5
8	2	6	5	3	9	7	4	1
1	9	5	4	8	7	6	2	3

Puzzle 68

1	3	9	5	6	2	4	7	8
5	6	7	4	9	8	2	3	1
4	8	2	1	7	3	9	6	5
2	1	5	7	3	6	8	9	4
9	7	8	2	1	4	6	5	3
6	4	3	8	5	9	1	2	7
7	2	6	3	8	1	5	4	9
3	9	1	6	4	5	7	8	2
8	5	4	9	2	7	3	1	6

Puzzle 69

9	6	7	3	8	2	4	5	1
3	5	1	6	4	7	2	9	8
2	8	4	1	5	9	3	7	6
7	9	5	8	1	4	6	3	2
4	3	8	2	6	5	7	1	9
1	2	6	7	9	3	5	8	4
5	1	3	4	2	8	9	6	7
6	4	9	5	7	1	8	2	3
8	7	2	9	3	6	1	4	5

Puzzle 70

7	3	8	5	2	9	6	4	1
9	6	2	4	1	3	8	5	7
1	5	4	8	7	6	2	3	9
6	9	5	7	3	8	1	2	4
4	2	3	9	5	1	7	8	6
8	7	1	6	4	2	5	9	3
3	4	6	1	8	5	9	7	2
2	8	9	3	6	7	4	1	5
5	1	7	2	9	4	3	6	8

Puzzle 71

8	9	6	3	2	4	7	1	5
4	3	7	9	5	1	6	8	2
5	1	2	6	8	7	9	3	4
2	6	4	7	3	8	5	9	1
9	7	8	4	1	5	3	2	6
1	5	3	2	6	9	8	4	7
3	8	1	5	4	6	2	7	9
6	4	9	8	7	2	1	5	3
7	2	5	1	9	3	4	6	8

Puzzle 72

8	4	6	1	5	9	3	2	7
9	1	2	6	7	3	8	4	5
7	5	3	2	8	4	1	6	9
3	8	9	5	2	6	4	7	1
5	2	1	4	9	7	6	8	3
4	6	7	8	3	1	9	5	2
2	3	8	9	4	5	7	1	6
1	7	4	3	6	2	5	9	8
6	9	5	7	1	8	2	3	4

Solutions

Puzzle 73

6	8	2	7	3	9	4	1	5
7	4	1	5	6	2	8	9	3
5	9	3	4	8	1	6	2	7
1	6	9	8	2	3	7	5	4
3	2	4	9	7	5	1	8	6
8	5	7	6	1	4	9	3	2
4	1	5	2	9	7	3	6	8
2	3	8	1	4	6	5	7	9
9	7	6	3	5	8	2	4	1

Puzzle 74

9	2	7	3	1	8	4	5	6
6	8	4	2	5	7	9	1	3
1	5	3	6	9	4	7	2	8
7	4	5	1	6	2	3	8	9
2	1	9	8	4	3	5	6	7
8	3	6	9	7	5	2	4	1
3	7	1	5	2	6	8	9	4
4	6	2	7	8	9	1	3	5
5	9	8	4	3	1	6	7	2

Puzzle 75

3	8	7	1	5	2	4	9	6
2	6	5	9	4	8	1	3	7
9	4	1	6	7	3	8	2	5
5	7	8	2	6	9	3	4	1
1	2	6	8	3	4	5	7	9
4	9	3	5	1	7	6	8	2
6	3	4	7	2	5	9	1	8
8	5	2	3	9	1	7	6	4
7	1	9	4	8	6	2	5	3

Puzzle 76

5	9	8	6	7	4	2	3	1
7	1	6	5	2	3	9	4	8
2	4	3	1	9	8	7	6	5
4	6	2	7	1	9	5	8	3
9	3	1	8	5	2	6	7	4
8	7	5	3	4	6	1	2	9
3	8	7	9	6	5	4	1	2
1	2	9	4	3	7	8	5	6
6	5	4	2	8	1	3	9	7

Puzzle 77

1	2	8	5	4	7	6	3	9
3	4	6	2	8	9	7	1	5
5	7	9	6	1	3	8	2	4
8	5	3	1	7	2	4	9	6
7	9	1	8	6	4	2	5	3
4	6	2	9	3	5	1	8	7
9	3	7	4	2	1	5	6	8
2	8	5	7	9	6	3	4	1
6	1	4	3	5	8	9	7	2

Puzzle 78

7	6	9	3	1	8	5	4	2
2	3	4	6	5	7	9	8	1
1	8	5	9	4	2	6	7	3
8	4	7	5	2	6	3	1	9
6	5	3	8	9	1	4	2	7
9	1	2	4	7	3	8	6	5
5	9	1	7	8	4	2	3	6
4	7	6	2	3	5	1	9	8
3	2	8	1	6	9	7	5	4

Puzzle 79

5	1	4	7	3	6	2	8	9
9	3	8	5	4	2	7	6	1
2	6	7	9	1	8	5	4	3
1	2	5	4	6	9	3	7	8
7	8	9	3	5	1	4	2	6
3	4	6	2	8	7	1	9	5
4	5	2	6	9	3	8	1	7
8	9	3	1	7	4	6	5	2
6	7	1	8	2	5	9	3	4

Puzzle 80

4	8	2	9	5	3	6	1	7
1	7	3	8	4	6	9	5	2
9	5	6	1	7	2	4	3	8
6	3	5	4	2	8	1	7	9
2	9	7	5	3	1	8	4	6
8	4	1	6	9	7	3	2	5
3	2	9	7	6	4	5	8	1
5	1	4	2	8	9	7	6	3
7	6	8	3	1	5	2	9	4

Puzzle 81

5	3	1	2	6	8	4	7	9
7	2	6	9	4	5	8	1	3
8	9	4	7	3	1	6	5	2
9	6	5	8	1	2	3	4	7
3	7	8	6	5	4	2	9	1
4	1	2	3	7	9	5	6	8
6	5	3	1	8	7	9	2	4
2	4	7	5	9	3	1	8	6
1	8	9	4	2	6	7	3	5

Puzzle 82

5	6	2	9	7	1	3	4	8
4	1	3	8	6	2	7	5	9
8	9	7	3	4	5	6	1	2
2	4	8	7	9	3	1	6	5
7	5	6	4	1	8	9	2	3
1	3	9	2	5	6	4	8	7
9	7	5	6	8	4	2	3	1
6	2	1	5	3	7	8	9	4
3	8	4	1	2	9	5	7	6

Puzzle 83

7	1	9	8	3	5	2	4	6
2	3	5	1	4	6	8	9	7
6	4	8	2	7	9	5	1	3
4	5	7	9	6	1	3	2	8
1	8	2	7	5	3	4	6	9
9	6	3	4	2	8	7	5	1
5	2	1	6	8	7	9	3	4
8	9	4	3	1	2	6	7	5
3	7	6	5	9	4	1	8	2

Puzzle 84

5	9	7	3	2	1	6	8	4
6	1	3	8	4	7	2	9	5
2	4	8	6	5	9	7	3	1
7	8	5	9	1	6	3	4	2
4	3	2	5	7	8	9	1	6
9	6	1	4	3	2	8	5	7
3	2	6	1	9	5	4	7	8
1	7	9	2	8	4	5	6	3
8	5	4	7	6	3	1	2	9

Solutions

Puzzle 85

7	1	6	4	8	2	3	5	9
3	4	5	1	7	9	2	8	6
9	2	8	5	6	3	7	1	4
6	9	2	8	3	5	4	7	1
4	5	3	6	1	7	8	9	2
8	7	1	9	2	4	6	3	5
1	3	7	2	5	6	9	4	8
5	6	9	7	4	8	1	2	3
2	8	4	3	9	1	5	6	7

Puzzle 86

2	7	8	3	4	9	1	6	5
5	6	9	7	1	8	2	4	3
1	3	4	2	6	5	7	9	8
8	5	2	6	7	1	9	3	4
7	1	3	8	9	4	5	2	6
4	9	6	5	2	3	8	1	7
6	8	5	1	3	2	4	7	9
9	2	7	4	8	6	3	5	1
3	4	1	9	5	7	6	8	2

Puzzle 87

9	7	4	5	2	3	8	1	6
3	1	5	8	6	9	4	2	7
8	6	2	1	4	7	5	3	9
6	3	8	2	5	1	7	9	4
5	9	1	7	3	4	6	8	2
4	2	7	6	9	8	1	5	3
1	4	3	9	7	5	2	6	8
2	5	9	4	8	6	3	7	1
7	8	6	3	1	2	9	4	5

Puzzle 88

3	9	2	7	1	6	4	5	8
4	6	5	9	8	2	3	7	1
1	7	8	4	5	3	2	9	6
2	4	1	5	6	9	8	3	7
9	3	6	8	4	7	1	2	5
8	5	7	3	2	1	6	4	9
5	1	9	2	3	8	7	6	4
6	2	4	1	7	5	9	8	3
7	8	3	6	9	4	5	1	2

Puzzle 89

2	3	4	7	1	8	6	9	5
5	9	8	6	2	4	7	3	1
7	6	1	5	9	3	4	8	2
8	1	7	9	3	6	2	5	4
4	2	9	1	8	5	3	6	7
6	5	3	2	4	7	9	1	8
9	4	2	3	5	1	8	7	6
3	7	5	8	6	2	1	4	9
1	8	6	4	7	9	5	2	3

Puzzle 90

9	1	2	5	8	7	3	6	4
5	4	8	9	6	3	7	2	1
7	3	6	2	4	1	9	8	5
6	5	4	1	9	8	2	7	3
8	7	3	6	2	5	1	4	9
1	2	9	7	3	4	8	5	6
4	6	7	8	1	9	5	3	2
2	8	1	3	5	6	4	9	7
3	9	5	4	7	2	6	1	8

Puzzle 91

1	4	7	2	9	5	3	6	8
2	6	9	7	3	8	5	4	1
5	8	3	4	6	1	2	7	9
6	2	8	5	1	7	9	3	4
4	3	1	6	2	9	8	5	7
9	7	5	8	4	3	6	1	2
3	9	4	1	8	6	7	2	5
7	1	6	9	5	2	4	8	3
8	5	2	3	7	4	1	9	6

Puzzle 92

9	1	5	6	3	8	7	4	2
2	8	6	9	4	7	3	1	5
4	3	7	1	2	5	8	6	9
1	5	4	8	9	2	6	7	3
3	6	9	4	7	1	2	5	8
8	7	2	5	6	3	1	9	4
5	9	1	3	8	6	4	2	7
7	4	8	2	1	9	5	3	6
6	2	3	7	5	4	9	8	1

Puzzle 93

4	3	7	5	9	6	2	8	1
5	6	2	4	1	8	9	3	7
8	1	9	2	7	3	6	4	5
9	8	3	1	4	2	7	5	6
2	4	5	6	3	7	8	1	9
6	7	1	8	5	9	4	2	3
3	2	8	9	6	5	1	7	4
1	5	6	7	2	4	3	9	8
7	9	4	3	8	1	5	6	2

Puzzle 94

3	2	4	8	5	9	7	6	1
9	1	8	7	3	6	2	4	5
6	5	7	4	2	1	8	9	3
8	7	1	6	9	5	3	2	4
5	3	6	2	1	4	9	7	8
4	9	2	3	8	7	1	5	6
1	4	3	9	6	2	5	8	7
2	6	5	1	7	8	4	3	9
7	8	9	5	4	3	6	1	2

Puzzle 95

4	8	7	5	1	9	6	3	2
3	1	6	8	2	7	4	5	9
5	2	9	4	3	6	8	1	7
2	9	3	1	4	5	7	6	8
7	4	1	6	8	2	3	9	5
6	5	8	9	7	3	2	4	1
8	3	5	2	6	1	9	7	4
1	6	2	7	9	4	5	8	3
9	7	4	3	5	8	1	2	6

Puzzle 96

3	4	6	1	5	7	9	2	8
2	7	8	4	6	9	3	5	1
1	9	5	8	2	3	6	7	4
9	3	7	2	4	5	1	8	6
6	5	1	9	7	8	4	3	2
4	8	2	6	3	1	5	9	7
8	1	4	3	9	2	7	6	5
7	6	9	5	8	4	2	1	3
5	2	3	7	1	6	8	4	9

Solutions

Puzzle 97

3	7	4	9	2	1	5	6	8
2	1	6	4	8	5	3	9	7
5	9	8	7	6	3	1	2	4
8	6	9	2	5	4	7	3	1
4	5	1	3	9	7	2	8	6
7	2	3	8	1	6	4	5	9
9	3	7	5	4	8	6	1	2
1	8	5	6	7	2	9	4	3
6	4	2	1	3	9	8	7	5

Puzzle 98

7	3	1	9	6	4	8	5	2
9	8	2	3	5	7	1	4	6
5	6	4	1	2	8	3	7	9
4	5	3	2	8	9	7	6	1
2	1	7	6	4	5	9	8	3
8	9	6	7	3	1	5	2	4
6	2	8	5	1	3	4	9	7
1	7	5	4	9	6	2	3	8
3	4	9	8	7	2	6	1	5

Puzzle 99

6	1	2	5	8	4	3	9	7
4	5	9	1	3	7	2	6	8
8	7	3	2	6	9	4	1	5
2	4	6	9	5	8	7	3	1
7	3	5	4	1	6	8	2	9
9	8	1	3	7	2	5	4	6
3	2	8	6	9	5	1	7	4
5	9	4	7	2	1	6	8	3
1	6	7	8	4	3	9	5	2

Puzzle 100

6	9	8	7	3	5	4	2	1
1	3	4	9	2	6	8	5	7
7	5	2	8	1	4	3	6	9
9	4	5	2	7	1	6	3	8
8	7	3	5	6	9	1	4	2
2	6	1	4	8	3	9	7	5
3	8	6	1	5	7	2	9	4
4	1	7	6	9	2	5	8	3
5	2	9	3	4	8	7	1	6

Puzzle 101

5	4	2	9	8	3	7	1	6
6	9	7	1	4	5	2	3	8
8	1	3	6	2	7	5	4	9
3	8	6	2	5	4	9	7	1
4	2	9	8	7	1	3	6	5
1	7	5	3	9	6	4	8	2
7	6	1	5	3	2	8	9	4
9	5	4	7	6	8	1	2	3
2	3	8	4	1	9	6	5	7

Puzzle 102

6	9	8	1	2	3	4	5	7
7	1	2	5	9	4	8	3	6
3	4	5	6	8	7	1	2	9
4	2	7	3	1	6	9	8	5
9	5	3	4	7	8	6	1	2
1	8	6	2	5	9	3	7	4
8	7	1	9	4	2	5	6	3
5	3	4	7	6	1	2	9	8
2	6	9	8	3	5	7	4	1

Puzzle 103

9	1	8	6	2	7	4	5	3
6	3	5	8	1	4	2	9	7
7	4	2	9	3	5	8	1	6
4	8	6	5	9	1	3	7	2
3	5	1	7	4	2	9	6	8
2	9	7	3	8	6	1	4	5
5	2	9	4	6	3	7	8	1
1	6	4	2	7	8	5	3	9
8	7	3	1	5	9	6	2	4

Puzzle 104

2	5	7	1	8	6	4	3	9
9	1	6	4	3	5	7	8	2
8	4	3	2	7	9	5	6	1
6	9	5	8	2	4	3	1	7
1	7	8	9	5	3	6	2	4
3	2	4	7	6	1	8	9	5
4	8	2	6	1	7	9	5	3
5	6	9	3	4	2	1	7	8
7	3	1	5	9	8	2	4	6

Puzzle 105

4	1	3	2	8	9	5	6	7
9	6	8	5	1	7	3	4	2
2	5	7	6	3	4	8	9	1
5	3	1	4	7	8	9	2	6
8	4	9	3	6	2	7	1	5
7	2	6	1	9	5	4	8	3
1	7	4	8	5	6	2	3	9
6	9	2	7	4	3	1	5	8
3	8	5	9	2	1	6	7	4

Puzzle 106

1	7	9	4	8	5	6	3	2
6	2	8	7	9	3	4	5	1
3	5	4	6	2	1	9	7	8
5	3	6	1	7	4	8	2	9
2	4	7	9	3	8	5	1	6
8	9	1	5	6	2	3	4	7
9	6	5	3	1	7	2	8	4
7	8	3	2	4	6	1	9	5
4	1	2	8	5	9	7	6	3

Puzzle 107

5	9	8	7	3	4	1	2	6
1	7	4	8	2	6	3	5	9
6	2	3	1	5	9	8	4	7
4	6	2	9	7	1	5	8	3
7	8	1	5	4	3	6	9	2
3	5	9	2	6	8	4	7	1
8	1	7	6	9	5	2	3	4
9	3	5	4	1	2	7	6	8
2	4	6	3	8	7	9	1	5

Puzzle 108

3	7	9	5	4	1	8	2	6
4	8	5	2	3	6	7	9	1
6	2	1	9	8	7	3	5	4
7	6	2	1	9	5	4	8	3
1	9	8	4	2	3	5	6	7
5	4	3	6	7	8	9	1	2
2	5	7	3	6	9	1	4	8
9	3	6	8	1	4	2	7	5
8	1	4	7	5	2	6	3	9

Solutions

Puzzle 109

6	1	5	2	8	9	4	3	7
9	8	4	3	5	7	2	6	1
3	2	7	4	6	1	9	8	5
5	9	6	1	7	8	3	4	2
7	3	8	5	2	4	1	9	6
2	4	1	6	9	3	5	7	8
1	7	9	8	3	2	6	5	4
8	5	2	9	4	6	7	1	3
4	6	3	7	1	5	8	2	9

Puzzle 110

1	3	8	2	4	9	5	6	7
9	6	7	5	1	3	2	4	8
2	5	4	8	6	7	3	9	1
8	2	1	6	7	5	9	3	4
4	9	5	3	2	8	1	7	6
6	7	3	4	9	1	8	2	5
5	1	6	7	3	2	4	8	9
7	8	2	9	5	4	6	1	3
3	4	9	1	8	6	7	5	2

Puzzle 111

5	1	4	7	3	2	9	6	8
6	8	2	5	1	9	7	3	4
9	7	3	4	6	8	2	1	5
4	2	1	9	5	6	3	8	7
7	5	6	3	8	4	1	9	2
8	3	9	1	2	7	5	4	6
2	9	5	6	4	3	8	7	1
3	6	8	2	7	1	4	5	9
1	4	7	8	9	5	6	2	3

Puzzle 112

8	9	1	2	4	7	6	3	5
3	4	7	6	5	8	9	1	2
6	2	5	3	9	1	8	4	7
9	5	6	8	1	3	7	2	4
1	8	2	7	6	4	3	5	9
4	7	3	5	2	9	1	8	6
5	3	8	4	7	6	2	9	1
2	6	9	1	3	5	4	7	8
7	1	4	9	8	2	5	6	3

Puzzle 113

9	1	8	6	5	7	3	4	2
4	5	3	8	1	2	9	7	6
2	7	6	9	3	4	1	5	8
3	6	9	7	2	5	4	8	1
5	8	4	3	6	1	7	2	9
7	2	1	4	9	8	6	3	5
6	9	5	2	4	3	8	1	7
1	3	7	5	8	6	2	9	4
8	4	2	1	7	9	5	6	3

Puzzle 114

1	2	7	4	3	9	8	6	5
5	9	4	2	8	6	7	3	1
3	6	8	7	1	5	9	4	2
8	4	9	1	6	7	2	5	3
6	3	2	5	9	8	4	1	7
7	5	1	3	4	2	6	9	8
4	8	3	9	2	1	5	7	6
9	7	6	8	5	3	1	2	4
2	1	5	6	7	4	3	8	9

Puzzle 115

1	8	7	5	2	9	4	6	3
4	5	3	1	8	6	7	2	9
2	6	9	7	3	4	5	8	1
5	7	6	9	1	2	8	3	4
8	4	2	6	5	3	9	1	7
9	3	1	4	7	8	6	5	2
3	2	5	8	9	7	1	4	6
7	1	4	3	6	5	2	9	8
6	9	8	2	4	1	3	7	5

Puzzle 116

4	7	5	2	1	9	8	6	3
3	6	8	4	7	5	2	9	1
1	2	9	6	8	3	7	5	4
9	5	6	1	4	7	3	8	2
2	4	3	8	5	6	9	1	7
7	8	1	9	3	2	5	4	6
5	1	4	7	2	8	6	3	9
8	9	2	3	6	1	4	7	5
6	3	7	5	9	4	1	2	8

Puzzle 117

1	5	9	7	2	6	8	4	3
4	7	8	1	3	5	9	2	6
3	2	6	8	9	4	1	5	7
8	3	1	9	7	2	5	6	4
5	4	2	3	6	8	7	9	1
9	6	7	4	5	1	3	8	2
7	1	4	6	8	9	2	3	5
6	9	5	2	1	3	4	7	8
2	8	3	5	4	7	6	1	9

Puzzle 118

9	2	7	5	1	4	8	6	3
4	8	1	7	3	6	2	9	5
6	3	5	2	8	9	7	1	4
7	1	4	3	6	8	9	5	2
5	6	2	4	9	7	3	8	1
8	9	3	1	2	5	4	7	6
1	5	8	9	4	3	6	2	7
2	4	6	8	7	1	5	3	9
3	7	9	6	5	2	1	4	8

Puzzle 119

9	1	2	3	4	6	7	5	8
7	8	3	5	2	9	4	1	6
6	4	5	1	7	8	9	3	2
8	6	9	2	3	7	1	4	5
4	3	7	8	5	1	2	6	9
2	5	1	6	9	4	3	8	7
5	9	8	4	1	2	6	7	3
1	2	6	7	8	3	5	9	4
3	7	4	9	6	5	8	2	1

Puzzle 120

6	2	9	8	3	7	5	4	1
8	1	3	5	9	4	2	6	7
7	5	4	6	1	2	3	9	8
1	9	5	4	7	6	8	2	3
4	8	7	3	2	1	6	5	9
2	3	6	9	5	8	1	7	4
3	7	2	1	4	5	9	8	6
9	4	8	2	6	3	7	1	5
5	6	1	7	8	9	4	3	2

Solutions

Puzzle 121

6	1	2	9	4	3	7	8	5
7	8	5	2	1	6	4	9	3
4	3	9	8	5	7	1	6	2
9	4	6	5	2	8	3	7	1
3	2	1	6	7	9	5	4	8
8	5	7	4	3	1	9	2	6
1	6	3	7	9	2	8	5	4
2	9	4	1	8	5	6	3	7
5	7	8	3	6	4	2	1	9

Puzzle 122

7	4	3	9	6	8	5	2	1
5	9	8	1	2	7	4	3	6
2	1	6	4	3	5	7	9	8
3	5	7	8	4	6	2	1	9
9	6	4	7	1	2	3	8	5
8	2	1	5	9	3	6	7	4
6	7	9	2	8	4	1	5	3
4	8	2	3	5	1	9	6	7
1	3	5	6	7	9	8	4	2

Puzzle 123

7	3	9	5	1	2	4	6	8
2	5	1	6	8	4	7	3	9
6	4	8	9	7	3	5	1	2
9	2	3	7	4	8	1	5	6
5	7	4	2	6	1	9	8	3
1	8	6	3	9	5	2	4	7
3	6	5	1	2	7	8	9	4
4	1	2	8	3	9	6	7	5
8	9	7	4	5	6	3	2	1

Puzzle 124

8	3	7	4	5	9	1	2	6
5	1	9	7	6	2	3	8	4
6	2	4	8	1	3	9	7	5
1	6	2	3	8	7	4	5	9
4	8	5	9	2	1	6	3	7
9	7	3	5	4	6	2	1	8
3	9	8	2	7	4	5	6	1
2	5	6	1	9	8	7	4	3
7	4	1	6	3	5	8	9	2

Puzzle 125

1	4	6	3	8	7	5	2	9
9	8	5	6	2	4	7	3	1
2	7	3	9	1	5	8	6	4
5	6	4	1	7	9	2	8	3
7	9	2	8	5	3	1	4	6
8	3	1	2	4	6	9	5	7
3	2	9	5	6	1	4	7	8
6	5	7	4	9	8	3	1	2
4	1	8	7	3	2	6	9	5

Puzzle 126

2	3	9	7	1	4	6	5	8
4	8	1	5	9	6	3	2	7
6	5	7	8	3	2	4	1	9
1	7	2	9	4	8	5	6	3
3	9	6	1	5	7	2	8	4
5	4	8	6	2	3	7	9	1
9	1	3	4	6	5	8	7	2
8	2	5	3	7	9	1	4	6
7	6	4	2	8	1	9	3	5

Puzzle 127

9	2	7	8	1	4	6	3	5
5	4	6	2	3	9	7	8	1
3	1	8	5	6	7	9	2	4
1	9	3	4	7	2	8	5	6
8	7	2	3	5	6	4	1	9
4	6	5	1	9	8	3	7	2
6	5	4	7	8	1	2	9	3
2	8	1	9	4	3	5	6	7
7	3	9	6	2	5	1	4	8

Puzzle 128

7	1	3	9	2	4	8	6	5
9	5	2	1	8	6	7	4	3
8	4	6	5	7	3	1	9	2
2	9	1	3	6	8	5	7	4
3	6	4	2	5	7	9	1	8
5	7	8	4	9	1	2	3	6
4	2	9	7	3	5	6	8	1
1	8	7	6	4	2	3	5	9
6	3	5	8	1	9	4	2	7

Puzzle 129

6	5	1	4	3	9	8	7	2
7	3	4	1	2	8	6	5	9
8	2	9	7	5	6	4	1	3
3	7	6	2	4	5	9	8	1
1	9	8	6	7	3	5	2	4
5	4	2	9	8	1	3	6	7
4	1	5	3	6	7	2	9	8
2	8	7	5	9	4	1	3	6
9	6	3	8	1	2	7	4	5

Puzzle 130

6	3	4	8	2	7	9	1	5
2	5	8	1	6	9	4	7	3
7	9	1	4	5	3	2	6	8
4	7	5	3	9	6	1	8	2
9	1	3	7	8	2	6	5	4
8	6	2	5	4	1	3	9	7
5	8	6	2	1	4	7	3	9
3	2	9	6	7	8	5	4	1
1	4	7	9	3	5	8	2	6

Puzzle 131

9	3	5	2	8	6	4	7	1
8	4	1	9	5	7	3	2	6
7	2	6	1	3	4	5	8	9
3	6	9	7	4	5	2	1	8
2	5	7	8	9	1	6	3	4
4	1	8	3	6	2	7	9	5
6	8	3	4	7	9	1	5	2
1	7	4	5	2	8	9	6	3
5	9	2	6	1	3	8	4	7

Puzzle 132

1	2	7	3	9	4	6	5	8
9	6	8	7	1	5	3	2	4
5	4	3	6	8	2	1	9	7
4	7	2	5	3	9	8	6	1
3	9	6	1	4	8	5	7	2
8	5	1	2	6	7	9	4	3
7	8	4	9	5	1	2	3	6
2	3	9	8	7	6	4	1	5
6	1	5	4	2	3	7	8	9

Solutions

Puzzle 133

2	3	8	6	7	4	5	1	9
9	5	7	2	8	1	4	6	3
1	6	4	5	9	3	7	8	2
3	4	2	9	1	7	6	5	8
6	1	5	4	2	8	9	3	7
7	8	9	3	5	6	2	4	1
4	2	1	7	3	5	8	9	6
5	9	3	8	6	2	1	7	4
8	7	6	1	4	9	3	2	5

Puzzle 134

3	7	1	4	9	8	2	5	6
2	6	9	3	5	7	4	1	8
5	4	8	1	6	2	3	9	7
6	1	4	8	3	9	5	7	2
8	5	2	7	4	6	1	3	9
9	3	7	5	2	1	8	6	4
1	9	5	2	7	4	6	8	3
7	2	3	6	8	5	9	4	1
4	8	6	9	1	3	7	2	5

Puzzle 135

3	6	9	1	4	2	5	8	7
4	8	2	5	7	6	9	3	1
5	7	1	8	3	9	4	6	2
1	3	8	2	9	4	7	5	6
2	4	6	3	5	7	8	1	9
9	5	7	6	1	8	2	4	3
6	9	4	7	8	1	3	2	5
7	2	3	4	6	5	1	9	8
8	1	5	9	2	3	6	7	4

Puzzle 136

9	8	5	7	6	2	4	1	3
1	3	7	4	8	5	6	9	2
6	2	4	3	1	9	7	8	5
5	4	3	1	2	6	8	7	9
2	7	9	8	3	4	5	6	1
8	1	6	5	9	7	3	2	4
7	6	1	9	4	3	2	5	8
3	5	8	2	7	1	9	4	6
4	9	2	6	5	8	1	3	7

Puzzle 137

9	3	7	6	4	2	8	5	1
8	1	4	9	7	5	2	3	6
2	5	6	1	8	3	4	7	9
5	8	9	4	3	1	6	2	7
4	2	1	5	6	7	9	8	3
7	6	3	8	2	9	1	4	5
3	9	8	7	1	4	5	6	2
6	7	5	2	9	8	3	1	4
1	4	2	3	5	6	7	9	8

Puzzle 138

5	1	8	6	3	9	2	4	7
2	9	3	7	8	4	6	1	5
4	6	7	5	1	2	3	8	9
8	4	5	2	7	3	1	9	6
3	7	1	8	9	6	5	2	4
9	2	6	4	5	1	8	7	3
7	3	9	1	2	5	4	6	8
1	5	4	9	6	8	7	3	2
6	8	2	3	4	7	9	5	1

Puzzle 139

7	2	1	3	9	5	6	4	8
3	6	8	1	2	4	9	7	5
9	5	4	6	7	8	2	3	1
6	9	2	4	1	3	5	8	7
5	4	3	8	6	7	1	2	9
8	1	7	9	5	2	3	6	4
4	7	6	5	3	9	8	1	2
1	8	5	2	4	6	7	9	3
2	3	9	7	8	1	4	5	6

Puzzle 140

8	5	6	7	3	9	4	2	1
1	7	3	4	2	6	8	5	9
9	2	4	1	8	5	3	6	7
6	3	1	2	7	8	9	4	5
5	4	2	9	6	1	7	8	3
7	8	9	5	4	3	2	1	6
2	6	7	3	5	4	1	9	8
4	9	5	8	1	7	6	3	2
3	1	8	6	9	2	5	7	4

Puzzle 141

7	9	2	4	8	1	3	5	6
4	3	8	5	7	6	1	9	2
6	1	5	2	3	9	7	4	8
5	2	7	8	6	3	9	1	4
1	6	4	9	2	5	8	3	7
3	8	9	7	1	4	2	6	5
9	7	6	1	5	8	4	2	3
2	4	3	6	9	7	5	8	1
8	5	1	3	4	2	6	7	9

Puzzle 142

3	8	6	4	9	7	2	1	5
4	7	9	2	1	5	8	6	3
5	1	2	3	6	8	9	7	4
6	9	3	8	5	1	7	4	2
7	2	8	9	3	4	6	5	1
1	4	5	7	2	6	3	9	8
8	3	7	1	4	9	5	2	6
9	6	1	5	8	2	4	3	7
2	5	4	6	7	3	1	8	9

Puzzle 143

5	4	8	7	9	6	1	2	3
2	7	6	5	3	1	8	9	4
3	9	1	2	4	8	7	5	6
4	8	2	1	6	5	9	3	7
7	6	3	4	8	9	5	1	2
9	1	5	3	7	2	6	4	8
1	5	4	8	2	7	3	6	9
8	2	9	6	5	3	4	7	1
6	3	7	9	1	4	2	8	5

Puzzle 144

3	2	8	5	4	9	6	7	1
6	9	5	7	8	1	4	2	3
1	7	4	3	6	2	5	9	8
8	5	1	4	9	6	2	3	7
2	4	3	1	7	5	9	8	6
9	6	7	2	3	8	1	4	5
7	1	2	8	5	4	3	6	9
4	8	6	9	1	3	7	5	2
5	3	9	6	2	7	8	1	4

Solutions

Puzzle 145

5	4	9	2	1	8	7	6	3
1	7	3	6	5	4	9	8	2
2	8	6	9	3	7	1	4	5
3	9	5	7	4	6	8	2	1
7	6	2	5	8	1	4	3	9
4	1	8	3	9	2	5	7	6
8	2	7	1	6	9	3	5	4
6	3	1	4	7	5	2	9	8
9	5	4	8	2	3	6	1	7

Puzzle 146

5	8	7	4	3	1	2	6	9
6	1	2	7	8	9	3	4	5
9	3	4	6	2	5	1	8	7
1	2	8	3	5	7	4	9	6
4	5	3	2	9	6	8	7	1
7	6	9	1	4	8	5	2	3
8	4	1	9	7	3	6	5	2
2	7	6	5	1	4	9	3	8
3	9	5	8	6	2	7	1	4

Puzzle 147

8	4	1	3	2	6	9	5	7
2	3	9	7	5	4	8	6	1
7	6	5	8	1	9	3	2	4
6	1	8	2	7	3	4	9	5
5	7	2	9	4	1	6	8	3
4	9	3	6	8	5	1	7	2
1	8	6	5	3	2	7	4	9
9	5	4	1	6	7	2	3	8
3	2	7	4	9	8	5	1	6

Puzzle 148

4	6	3	8	1	9	7	2	5
2	8	5	3	7	6	1	9	4
1	7	9	2	5	4	3	6	8
9	5	2	1	3	8	6	4	7
8	4	6	5	9	7	2	1	3
7	3	1	6	4	2	8	5	9
3	9	4	7	6	1	5	8	2
5	1	8	4	2	3	9	7	6
6	2	7	9	8	5	4	3	1

Puzzle 149

9	1	4	2	8	6	7	3	5
5	2	8	3	4	7	9	1	6
6	7	3	9	1	5	4	8	2
1	3	5	4	7	2	8	6	9
7	8	9	6	5	3	1	2	4
4	6	2	8	9	1	5	7	3
3	4	1	5	6	8	2	9	7
8	5	6	7	2	9	3	4	1
2	9	7	1	3	4	6	5	8

Puzzle 150

3	4	8	9	5	2	6	1	7
9	1	6	7	8	4	3	5	2
5	7	2	3	1	6	4	8	9
6	2	5	1	3	9	7	4	8
7	8	4	6	2	5	9	3	1
1	9	3	4	7	8	2	6	5
2	6	9	8	4	1	5	7	3
4	3	1	5	9	7	8	2	6
8	5	7	2	6	3	1	9	4

Puzzle 151

4	5	8	2	1	9	7	6	3
7	9	1	4	6	3	2	8	5
3	2	6	7	8	5	9	1	4
6	8	9	5	3	2	4	7	1
1	4	2	8	9	7	5	3	6
5	3	7	1	4	6	8	2	9
8	6	3	9	7	4	1	5	2
9	1	5	6	2	8	3	4	7
2	7	4	3	5	1	6	9	8

Puzzle 152

2	5	9	8	7	1	6	3	4
7	8	4	9	3	6	2	1	5
3	1	6	4	5	2	7	9	8
1	4	7	2	6	8	9	5	3
8	9	5	3	4	7	1	2	6
6	3	2	5	1	9	4	8	7
4	2	8	6	9	3	5	7	1
9	6	1	7	8	5	3	4	2
5	7	3	1	2	4	8	6	9

Puzzle 153

3	6	8	4	7	9	1	5	2
2	1	7	5	3	8	4	6	9
4	9	5	6	1	2	3	8	7
6	8	2	1	4	3	7	9	5
5	4	3	9	2	7	8	1	6
1	7	9	8	6	5	2	3	4
9	3	6	2	8	4	5	7	1
8	5	4	7	9	1	6	2	3
7	2	1	3	5	6	9	4	8

Puzzle 154

2	6	8	4	1	9	7	3	5
4	5	1	6	7	3	9	8	2
9	7	3	8	2	5	1	4	6
5	3	7	1	8	6	2	9	4
6	9	2	5	3	4	8	7	1
8	1	4	2	9	7	5	6	3
7	8	5	3	4	2	6	1	9
3	2	9	7	6	1	4	5	8
1	4	6	9	5	8	3	2	7

Puzzle 155

3	8	5	2	7	9	1	6	4
4	7	9	1	8	6	5	3	2
6	1	2	4	5	3	8	9	7
5	9	8	7	2	1	3	4	6
2	4	7	6	3	5	9	1	8
1	6	3	8	9	4	2	7	5
7	3	1	5	6	2	4	8	9
9	2	6	3	4	8	7	5	1
8	5	4	9	1	7	6	2	3

Puzzle 156

5	1	9	3	4	7	6	2	8
7	4	2	1	8	6	5	3	9
8	6	3	2	9	5	4	1	7
6	3	8	9	1	4	2	7	5
2	5	1	8	7	3	9	4	6
9	7	4	5	6	2	3	8	1
1	2	6	4	5	8	7	9	3
4	9	5	7	3	1	8	6	2
3	8	7	6	2	9	1	5	4

Solutions

Puzzle 157

8	5	9	7	6	3	1	2	4
4	6	1	8	9	2	7	5	3
3	7	2	1	5	4	8	6	9
9	4	5	2	8	1	6	3	7
6	2	3	5	4	7	9	1	8
7	1	8	6	3	9	2	4	5
2	3	4	9	1	8	5	7	6
5	9	7	3	2	6	4	8	1
1	8	6	4	7	5	3	9	2

Puzzle 158

7	5	1	4	6	3	8	9	2
4	6	8	9	2	5	7	1	3
3	2	9	7	8	1	4	6	5
9	4	7	5	1	2	6	3	8
6	3	2	8	7	9	1	5	4
8	1	5	6	3	4	9	2	7
5	9	6	2	4	8	3	7	1
2	8	3	1	9	7	5	4	6
1	7	4	3	5	6	2	8	9

Puzzle 159

4	9	2	8	3	5	6	7	1
1	3	6	9	7	4	2	8	5
8	5	7	2	1	6	4	3	9
9	1	8	3	4	2	5	6	7
5	2	3	7	6	8	9	1	4
7	6	4	1	5	9	3	2	8
3	8	5	6	9	7	1	4	2
6	7	9	4	2	1	8	5	3
2	4	1	5	8	3	7	9	6

Puzzle 160

9	8	3	2	5	1	4	7	6
2	4	5	6	9	7	8	3	1
6	1	7	3	8	4	9	2	5
4	3	2	8	1	5	6	9	7
5	9	6	7	2	3	1	8	4
8	7	1	4	6	9	3	5	2
1	5	4	9	7	8	2	6	3
7	6	9	1	3	2	5	4	8
3	2	8	5	4	6	7	1	9

Puzzle 161

9	7	1	8	4	6	3	2	5
8	4	5	2	7	3	9	6	1
2	6	3	1	5	9	7	4	8
5	9	6	7	3	1	4	8	2
3	8	2	4	9	5	1	7	6
4	1	7	6	8	2	5	9	3
7	3	9	5	2	8	6	1	4
6	5	8	9	1	4	2	3	7
1	2	4	3	6	7	8	5	9

Puzzle 162

9	2	8	1	5	6	7	3	4
6	4	3	9	7	8	1	5	2
1	7	5	4	2	3	6	8	9
5	3	4	7	6	2	8	9	1
7	1	2	5	8	9	4	6	3
8	6	9	3	1	4	2	7	5
2	5	6	8	9	1	3	4	7
3	8	7	2	4	5	9	1	6
4	9	1	6	3	7	5	2	8

Puzzle 163

6	4	3	5	9	2	8	7	1
9	2	7	4	1	8	3	5	6
5	1	8	6	7	3	4	9	2
8	7	1	9	3	4	6	2	5
4	6	5	7	2	1	9	8	3
2	3	9	8	6	5	7	1	4
3	8	2	1	4	9	5	6	7
7	9	4	2	5	6	1	3	8
1	5	6	3	8	7	2	4	9

Puzzle 164

5	9	4	6	8	3	2	7	1
8	3	7	9	2	1	6	4	5
6	2	1	4	7	5	9	8	3
2	1	8	5	6	7	3	9	4
9	7	6	3	1	4	5	2	8
3	4	5	8	9	2	1	6	7
7	5	3	2	4	9	8	1	6
4	6	9	1	5	8	7	3	2
1	8	2	7	3	6	4	5	9

Puzzle 165

8	3	5	2	6	4	9	7	1
7	6	1	8	5	9	4	2	3
2	9	4	1	7	3	5	6	8
9	1	7	5	8	2	3	4	6
6	4	3	7	9	1	8	5	2
5	8	2	3	4	6	7	1	9
3	7	9	6	2	5	1	8	4
4	2	8	9	1	7	6	3	5
1	5	6	4	3	8	2	9	7

Puzzle 166

3	5	1	2	6	9	8	4	7
4	9	8	1	3	7	5	2	6
7	6	2	5	8	4	1	3	9
1	2	7	6	9	3	4	5	8
9	8	3	4	7	5	6	1	2
5	4	6	8	1	2	7	9	3
6	7	4	9	2	1	3	8	5
8	1	9	3	5	6	2	7	4
2	3	5	7	4	8	9	6	1

Puzzle 167

2	4	8	3	7	5	6	1	9
5	1	7	8	9	6	3	2	4
3	6	9	1	2	4	5	7	8
4	5	3	6	1	8	2	9	7
6	7	1	2	5	9	8	4	3
9	8	2	7	4	3	1	5	6
8	2	5	4	6	7	9	3	1
7	9	6	5	3	1	4	8	2
1	3	4	9	8	2	7	6	5

Puzzle 168

6	2	5	3	8	9	1	7	4
7	8	9	4	1	2	6	3	5
1	4	3	5	7	6	2	8	9
9	3	8	7	2	4	5	6	1
2	7	6	1	5	8	4	9	3
5	1	4	6	9	3	8	2	7
3	5	1	8	6	7	9	4	2
4	6	2	9	3	1	7	5	8
8	9	7	2	4	5	3	1	6

Solutions

Puzzle 169

6	1	7	9	8	5	2	4	3
3	8	9	7	4	2	6	5	1
4	2	5	3	1	6	7	9	8
7	6	2	1	3	4	9	8	5
9	4	3	8	5	7	1	6	2
1	5	8	2	6	9	4	3	7
8	7	4	5	9	1	3	2	6
2	3	6	4	7	8	5	1	9
5	9	1	6	2	3	8	7	4

Puzzle 170

8	9	3	4	1	2	7	5	6
7	2	5	6	3	9	8	4	1
1	6	4	7	5	8	2	3	9
5	8	9	3	6	7	1	2	4
3	4	7	1	2	5	9	6	8
6	1	2	8	9	4	5	7	3
4	5	6	2	8	1	3	9	7
9	3	1	5	7	6	4	8	2
2	7	8	9	4	3	6	1	5

Puzzle 171

7	4	5	8	6	3	2	9	1
1	2	6	5	7	9	8	3	4
3	9	8	2	1	4	6	7	5
4	6	7	9	8	1	3	5	2
9	8	2	3	5	7	4	1	6
5	3	1	4	2	6	7	8	9
2	5	3	1	4	8	9	6	7
8	7	4	6	9	5	1	2	3
6	1	9	7	3	2	5	4	8

Puzzle 172

6	5	1	8	4	9	7	2	3
8	4	9	7	3	2	6	1	5
2	3	7	6	1	5	4	8	9
4	2	5	9	7	1	3	6	8
7	6	8	4	2	3	9	5	1
9	1	3	5	8	6	2	4	7
1	9	4	3	6	8	5	7	2
5	7	2	1	9	4	8	3	6
3	8	6	2	5	7	1	9	4

Puzzle 173

1	9	6	5	8	2	7	3	4
3	4	2	7	6	1	8	9	5
7	5	8	3	4	9	1	2	6
2	7	5	4	1	3	6	8	9
4	8	9	6	2	5	3	1	7
6	3	1	8	9	7	5	4	2
5	1	4	9	7	8	2	6	3
9	2	3	1	5	6	4	7	8
8	6	7	2	3	4	9	5	1

Puzzle 174

4	8	2	5	1	9	7	3	6
6	1	7	8	2	3	5	4	9
5	9	3	7	6	4	2	1	8
3	6	5	4	9	1	8	2	7
2	4	1	6	8	7	9	5	3
9	7	8	2	3	5	1	6	4
1	5	4	3	7	8	6	9	2
8	3	6	9	5	2	4	7	1
7	2	9	1	4	6	3	8	5

Puzzle 175

3	8	5	9	4	7	1	2	6
1	4	7	6	8	2	3	9	5
2	9	6	3	5	1	7	8	4
7	3	2	5	9	8	4	6	1
5	6	8	2	1	4	9	3	7
9	1	4	7	3	6	2	5	8
6	7	1	8	2	3	5	4	9
8	5	3	4	7	9	6	1	2
4	2	9	1	6	5	8	7	3

Puzzle 176

6	3	8	2	1	5	7	9	4
4	5	2	7	9	8	6	1	3
1	7	9	4	6	3	8	5	2
2	8	7	9	3	1	4	6	5
9	4	5	6	8	7	3	2	1
3	6	1	5	4	2	9	7	8
7	2	3	8	5	6	1	4	9
8	9	6	1	2	4	5	3	7
5	1	4	3	7	9	2	8	6

Puzzle 177

9	6	7	1	3	8	5	2	4
8	2	3	4	5	9	6	1	7
5	1	4	7	6	2	3	8	9
4	3	6	9	2	7	1	5	8
1	9	8	5	4	6	7	3	2
2	7	5	3	8	1	9	4	6
7	4	9	2	1	5	8	6	3
6	5	2	8	7	3	4	9	1
3	8	1	6	9	4	2	7	5

Puzzle 178

8	5	2	4	9	1	6	7	3
1	4	6	7	2	3	9	5	8
7	9	3	5	6	8	4	1	2
3	7	4	1	8	5	2	9	6
9	1	8	6	7	2	5	3	4
2	6	5	3	4	9	7	8	1
4	3	7	9	1	6	8	2	5
6	2	1	8	5	7	3	4	9
5	8	9	2	3	4	1	6	7

Puzzle 179

7	2	8	9	1	3	6	4	5
6	1	4	7	5	8	2	3	9
5	3	9	4	6	2	1	7	8
8	7	3	2	9	4	5	1	6
2	4	1	6	8	5	3	9	7
9	5	6	3	7	1	8	2	4
1	8	7	5	3	9	4	6	2
4	6	5	1	2	7	9	8	3
3	9	2	8	4	6	7	5	1

Puzzle 180

7	8	2	5	3	9	4	1	6
6	9	5	8	4	1	7	3	2
3	1	4	2	6	7	5	9	8
4	7	1	6	2	8	9	5	3
5	3	6	9	1	4	8	2	7
9	2	8	7	5	3	6	4	1
8	4	7	3	9	2	1	6	5
1	5	3	4	8	6	2	7	9
2	6	9	1	7	5	3	8	4

Solutions

Puzzle 181

8	5	2	3	6	9	7	1	4
9	3	7	8	1	4	6	2	5
4	1	6	7	2	5	3	9	8
5	6	9	4	7	3	2	8	1
2	4	1	6	5	8	9	3	7
3	7	8	1	9	2	4	5	6
6	2	5	9	4	1	8	7	3
1	8	4	2	3	7	5	6	9
7	9	3	5	8	6	1	4	2

Puzzle 182

1	8	4	9	7	3	5	6	2
9	5	3	8	2	6	7	1	4
6	2	7	5	4	1	3	8	9
8	6	1	3	5	2	4	9	7
2	4	5	7	9	8	6	3	1
7	3	9	1	6	4	2	5	8
3	7	6	2	1	9	8	4	5
5	1	8	4	3	7	9	2	6
4	9	2	6	8	5	1	7	3

Puzzle 183

8	7	2	4	5	6	1	3	9
9	4	6	1	3	7	8	2	5
3	5	1	9	8	2	7	4	6
4	6	7	8	1	3	5	9	2
1	8	9	2	6	5	4	7	3
5	2	3	7	4	9	6	8	1
6	1	4	3	9	8	2	5	7
2	3	8	5	7	1	9	6	4
7	9	5	6	2	4	3	1	8

Puzzle 184

3	8	4	2	7	5	1	9	6
1	7	2	9	6	8	5	3	4
9	6	5	3	4	1	8	7	2
2	3	7	5	8	4	9	6	1
8	4	6	1	9	7	3	2	5
5	9	1	6	2	3	7	4	8
4	1	9	8	3	6	2	5	7
7	2	8	4	5	9	6	1	3
6	5	3	7	1	2	4	8	9

Puzzle 185

4	1	9	5	2	8	6	7	3
5	8	3	7	9	6	4	2	1
2	6	7	1	3	4	9	8	5
8	2	5	9	7	1	3	6	4
1	7	4	3	6	5	8	9	2
9	3	6	8	4	2	1	5	7
7	9	1	6	5	3	2	4	8
3	5	2	4	8	9	7	1	6
6	4	8	2	1	7	5	3	9

Puzzle 186

8	6	4	2	5	3	9	1	7
9	1	3	7	4	8	2	6	5
2	5	7	9	1	6	8	3	4
5	8	6	1	9	4	3	7	2
3	7	2	6	8	5	1	4	9
1	4	9	3	2	7	5	8	6
7	9	5	4	3	1	6	2	8
4	2	1	8	6	9	7	5	3
6	3	8	5	7	2	4	9	1

Puzzle 187

7	6	3	1	9	8	4	5	2
8	1	5	2	6	4	9	3	7
4	9	2	3	7	5	6	1	8
6	2	7	9	5	3	1	8	4
5	8	4	6	2	1	7	9	3
1	3	9	4	8	7	2	6	5
9	7	6	5	3	2	8	4	1
3	4	8	7	1	6	5	2	9
2	5	1	8	4	9	3	7	6

Puzzle 188

4	5	7	2	1	3	6	8	9
8	2	9	6	5	4	3	1	7
3	1	6	9	7	8	2	4	5
1	3	8	5	4	6	9	7	2
2	6	4	7	3	9	1	5	8
7	9	5	1	8	2	4	6	3
5	8	3	4	2	1	7	9	6
6	7	1	3	9	5	8	2	4
9	4	2	8	6	7	5	3	1

Puzzle 189

2	9	3	5	6	7	4	1	8
7	5	8	4	1	3	9	2	6
1	4	6	8	9	2	7	3	5
8	7	4	6	3	9	1	5	2
3	1	2	7	5	8	6	4	9
5	6	9	2	4	1	8	7	3
9	8	1	3	2	4	5	6	7
4	3	5	9	7	6	2	8	1
6	2	7	1	8	5	3	9	4

Puzzle 190

5	7	6	1	4	8	3	2	9
8	3	2	6	9	7	1	4	5
9	1	4	5	3	2	7	8	6
2	9	7	8	6	3	4	5	1
1	6	5	9	7	4	2	3	8
4	8	3	2	5	1	9	6	7
3	4	9	7	8	5	6	1	2
7	2	8	4	1	6	5	9	3
6	5	1	3	2	9	8	7	4

Puzzle 191

5	6	2	9	7	8	1	4	3
3	9	8	6	1	4	5	2	7
7	1	4	5	2	3	9	6	8
9	8	6	1	4	7	3	5	2
1	4	5	3	6	2	8	7	9
2	3	7	8	5	9	4	1	6
4	2	3	7	9	5	6	8	1
8	7	1	4	3	6	2	9	5
6	5	9	2	8	1	7	3	4

Puzzle 192

6	5	8	9	3	4	1	7	2
2	9	1	7	8	6	5	3	4
7	3	4	1	5	2	9	6	8
9	7	5	4	1	3	8	2	6
3	1	6	2	9	8	4	5	7
8	4	2	5	6	7	3	1	9
5	6	3	8	7	9	2	4	1
1	2	9	6	4	5	7	8	3
4	8	7	3	2	1	6	9	5

Solutions

Puzzle 193

6	2	5	9	8	3	1	7	4
9	1	7	4	6	5	3	2	8
3	8	4	1	2	7	5	9	6
8	7	2	5	1	6	4	3	9
4	9	6	2	3	8	7	5	1
1	5	3	7	4	9	6	8	2
2	3	9	6	5	4	8	1	7
5	4	1	8	7	2	9	6	3
7	6	8	3	9	1	2	4	5

Puzzle 194

9	4	5	1	3	7	6	8	2
6	1	7	5	8	2	3	9	4
2	8	3	4	9	6	1	7	5
1	3	2	9	7	5	8	4	6
8	5	4	3	6	1	7	2	9
7	6	9	2	4	8	5	1	3
3	7	8	6	2	9	4	5	1
5	9	6	7	1	4	2	3	8
4	2	1	8	5	3	9	6	7

Puzzle 195

9	8	1	5	2	4	7	6	3
5	7	3	9	1	6	2	4	8
6	4	2	8	3	7	5	9	1
1	2	4	6	9	8	3	5	7
3	5	6	2	7	1	4	8	9
8	9	7	4	5	3	6	1	2
7	6	5	1	8	2	9	3	4
4	3	8	7	6	9	1	2	5
2	1	9	3	4	5	8	7	6

Puzzle 196

2	6	1	8	7	3	9	5	4
5	4	8	6	2	9	1	3	7
3	9	7	1	5	4	8	6	2
6	3	9	4	1	8	7	2	5
4	1	5	2	3	7	6	9	8
8	7	2	5	9	6	4	1	3
7	5	4	3	6	1	2	8	9
1	8	3	9	4	2	5	7	6
9	2	6	7	8	5	3	4	1

Puzzle 197

1	6	8	3	7	4	2	9	5
2	9	3	5	6	8	7	1	4
5	7	4	1	9	2	6	3	8
3	1	9	4	5	7	8	2	6
8	4	7	6	2	3	9	5	1
6	2	5	8	1	9	3	4	7
9	3	6	7	4	5	1	8	2
4	8	1	2	3	6	5	7	9
7	5	2	9	8	1	4	6	3

Puzzle 198

4	8	9	1	6	7	3	5	2
3	6	1	2	5	9	7	8	4
5	7	2	4	3	8	1	6	9
9	4	8	5	1	3	6	2	7
7	2	5	9	4	6	8	1	3
1	3	6	7	8	2	4	9	5
8	9	3	6	7	5	2	4	1
2	1	7	8	9	4	5	3	6
6	5	4	3	2	1	9	7	8

Puzzle 199

9	8	5	1	4	7	6	3	2
1	7	2	6	5	3	4	9	8
3	4	6	2	9	8	1	7	5
4	2	9	3	6	1	5	8	7
5	6	8	7	2	9	3	1	4
7	1	3	5	8	4	9	2	6
6	9	7	4	3	2	8	5	1
8	5	1	9	7	6	2	4	3
2	3	4	8	1	5	7	6	9

Puzzle 200

8	7	3	1	2	5	9	4	6
9	5	4	6	8	3	7	1	2
6	2	1	7	9	4	3	5	8
7	1	8	9	5	2	4	6	3
4	3	9	8	7	6	1	2	5
5	6	2	4	3	1	8	9	7
3	4	6	2	1	7	5	8	9
1	9	5	3	6	8	2	7	4
2	8	7	5	4	9	6	3	1

Puzzle 201

5	2	1	8	6	7	3	4	9
7	9	6	3	4	1	5	2	8
4	3	8	5	2	9	6	1	7
6	8	3	1	9	2	7	5	4
2	4	5	7	3	6	8	9	1
9	1	7	4	8	5	2	6	3
8	5	9	6	7	4	1	3	2
3	6	2	9	1	8	4	7	5
1	7	4	2	5	3	9	8	6

Look out for the other great Sudoku books in this series:
Sudoku 1 – Sudoku 6

www.mombooks.com